世界一子どもを育てやすい国にしよう

出口治明
駒崎弘樹

ウェッジ

はじめに――社会が根底から変わらない限り少子化は止まらない

「世界で一番赤ちゃんを産みやすい国にしたい」

4～5年前のことでしょうか。「21世紀の日本のビジョンを語ろう」という会合に呼ばれたことがありました。高名な先生方が7～8人集まっておられたので、僕は少し場違いな気分でそこに参加していました。

会議の中心テーマは、21世紀の日本を風の通る国にしようという話でした。涼風がスーッといき渡ることで社会が活性化され、日本の文化が世界に広がっていくというのです。しかし、耳当たりはいいものの、僕には日本を風の通る国にすることの具体的な意味が正直よくわかりませんでした。

意見を求められたので「それは美学の次元の話ではありませんか?」と答えると、「じゃあ出口さんはどんな国が理想なのですか?」と質問されて、冒頭の言葉となったのです。

「世界で一番赤ちゃんを産みやすい国こそが、いまだ人類が成し遂げたことのない理想郷ではありませんか」

「人間は、動物です。動物の根源的な役割は、次の世代のために生きることです。だから、赤ちゃんを産みたいときに産めることが、何よりも素晴らしい社会だと思うのです」

と持論を述べたのです。

すると周囲の先生方からは「そんなことは、日本じゃなくてもできますね」と言われてしまいました。

その後はもう、その会合に呼ばれることはありませんでしたが、そのとき強く思ったのは、「僕たちは、どんな国をつくりたいかを語り始めなくてはいけない」ということでした。日本の少子化問題は、深刻の度合いを深めてきています。しかし、政府の問題意識としては、いまだに「将来の労働力が足りない。だから女性に産んでもらわなければ」という域を、大きくは出ていないように見受けられます。

いったい、その程度の問題意識で、わが国の少子化問題が解決できるのでしょうか。

もっと正面から問題を見つめ直さなければならない。子どもを産むということ、すなわち少子化問題は、単に労働力が増えるということではありません。僕たちがどのような社会をつくりたいかという、将来のビジョンに大きく関わってくる問題です。本心から、将来も人口1億人を目指したいのであれば、財源（≒増税）も必要ですし、男女を問わず、働き方を根底から見直さなければなりません。

僕はもともと少子化問題に興味があり、これまでもさまざまな場面で発信をしてきました。なぜかと言えば、大学を卒業して以来、ずっと生命保険会社に勤めているからです。生命保険会社は、人に保険を売るのが仕事です。人口が減少すれば、間違いなく生命保険業は衰退します。僕は92年にロンドンに赴任したとき、地元のメディアの取材で「日本の課題は何ですか」と問われて、「一にも二にも人口の減少問題です」と答えた記憶があります。

２００６年にライフネット生命を創業したのも、若い世代の所得が低いというファクト（事実）を深刻に受け止め、「保険料を半分にして、安心して赤ちゃんを産み育てる社会をつくりたい」と思ったからでした。加えて歴史が好きなので、歴史的な観点から少子化問題について語ったり、少子化対策に成功したフランスの事例を見るなど、そういった総論をいくらかお話しすることには、やぶさかではありません。

しかし今回、ウェッジの山本さんから「少子化の本を作りませんか」というお誘いをいただいたとき、そんな総論だけではおもしろくないと考えました。

少子化について考えることは、突き詰めれば「社会が、子どもを育てる環境をどう整備するのか」という1点に尽きます。そこを描かなければダメなのです。でも、現在のわが国の子育てに関わる具体的な状況については、僕にはたいした知見がありません。

その意味で駒崎弘樹さんは、その分野の第一線で大活躍されている方です。僕は「少子化の本なら、駒崎さんに書いていただいたほうがいいのでは」と申し入れました。すると「おふたりでお話しされてはどうでしょう」との提案があり、駒崎さんとの対談が実現しました。

駒崎さんはいま36歳、僕は68歳。年数にすると約30年の隔たりがあります。

駒崎さんはNPOで病児保育などを幅広く手がけておられる保育の専門家。一方の僕は、生命保険ビジネスの世界で長年仕事をしている人間です。駒崎さんとの対談は、世代を超え、業界を超えて、少子化についてのビジョンを共有し、語る場となりました。

少子化問題は、どんな人にとっても他人事ではありません。

現在、出産や子育てについて悩んでいる多くの人、子育ての終わった人、これから家族を持とうとする若い人や、子どもを持たない人。すべてのみなさんに本書を手に取っていただき、少子化問題のあり方をより具体的に知ることで、日本の将来を大きく左右することの問題を、一緒に考えていただけたらと願っています。

みなさんの忌憚のないご意見、ご感想をお待ちしています。

宛先 :hal.deguchi.d@gmail.com

最後になりましたが、出版の労を取ってくださったウェッジ書籍部の山本泰代さん、対談を上手にまとめてくださったライターの菅聖子さんに厚く御礼を申し上げたいと思います。本当にありがとうございました。

2016年7月

出口治明

目次

第2章

社会の仕掛け、仕組みを変えよう

第3章

働き方を変えていこう……079

第4章

教育こそが人間形成につながる……123

第5章

年齢フリーのチャイルドファースト社会へ……153

編集協力――菅 聖子

第1章

ヒトが生きてきた歴史に学ぼう

保険料を半分にした理由

駒崎　出口さんは常々、「保険料を半分にするから、そのお金を子育てに回してほしい」とおっしゃっていますね。この話を初めて聞いたとき、「生命保険なのに理念的だな」と驚いたんです。

そもそも生命保険は理念的なものかもしれませんが、それまで僕らは「こっちのほうが値段が安い」とか「お得です」という目で保険を選ぶのが当たり前だった。だから、ライフネット生命が、理念を明確に打ち出されたことは発見でした。ああ、こういう提起の仕方があるのだなと思いました。

出口　僕は、物心がついたころから「人間ってなんで生きているんだろう」とか、「なぜ働くんだろう」ということをずっと考えてきました。生命保険業界が長いので、「生命保険とはこういうものだ」ということはある程度わかっています。でも、普通の人と同様に若干の向上心はあったので、生命保険の不合理なところは変えたい、もっとよくしたいという思いはずっと持っていました。

おそらく人間誰もが、自分の周囲の世界を自分が思い通りに経営できるとしたら、いろいろと変えてみたいという気持ちを持っていると思うんですよ。

神様だったら、周囲の世界を瞬時に変えられます。『アラジンと魔法のランプ』に出てくるランプの精でも変えられるかもしれませんが、人間はそうはいかない。自分が持っているノウハウや現在のポジションを冷静に認識した上で、具体的に自分に何ができるかを考えていくしかありません。

そんなことをぼんやりと考えていた58歳のとき、たまたま初対面の谷家さんという人に出会って「生命保険会社をつくりませんか？」と言われて、感じがいい人だったので直感でつい「ハイ」と言ってしまったんです。その一言が原因で、以来68歳の今日まで10年間、人生で一番長時間働く羽目になってしまいました（笑）。

駒崎　おお～！

出口　偶然の出会いから生命保険会社をゼロからつくることになったとき、「生命保険って何だろう？」ともう一度、原点から考え直してみました。改めてわかったことは、みなさんからたくさんお金をいただく仕事なんですね。人生で高い買い物が3つある。それは「住宅」と「生命保険」と「スマホの通信料」だと言いますからね。

そこでまず、みなさんの財布の中身（所得）を調べてみました。すると、世帯の所得は以前より貧しくなっている。だいたいこの20年で、全世帯の平均所得は664・2万円から528・9万円へと20％ほど減少しています（図1－1参照）。特に20代は、フリーターやニートが多いこともあると思いますが、年収300万円ちょっとです。
大手の生命保険会社の保険は、大半が毎月1～2万円前後払わないと買えない。僕は、年収300万円の人から毎月1～2万円も、保険料をいただく気にはなれませんでした。もし自分が20代なら、せめて半分の額でなければ、生命保険を買えないだろうと思いました。でも、生命保険を買わなければ、安心して赤ちゃんも産めません。
そこで考えたのが、保険料を半分にして、安心して赤ちゃんを産める社会をつくろうということ。これが、新しく生命保険会社をつくることになったとき、素直に思ったことだったんです。このミッションを実現するにはインターネットしかない、という流れがそこで生まれました。

駒崎　なるほど。

出口　子育てにお金を回してほしい理由が、もうひとつあります。僕は歴史と生物学が好きなのですが、本来人間は動物なので、次の世代を育てるのが一番楽しい仕事なんですよ。それが動物の本能であり、存在意義そのものです。だったら、楽しいことにお金をつかうべきです。
少子化問題というと、何か難しい問題のように聞こえますが、企業で言えば新入社員が

図 1-1　各種世帯の 1 世帯当たり平均所得金額の年次推移

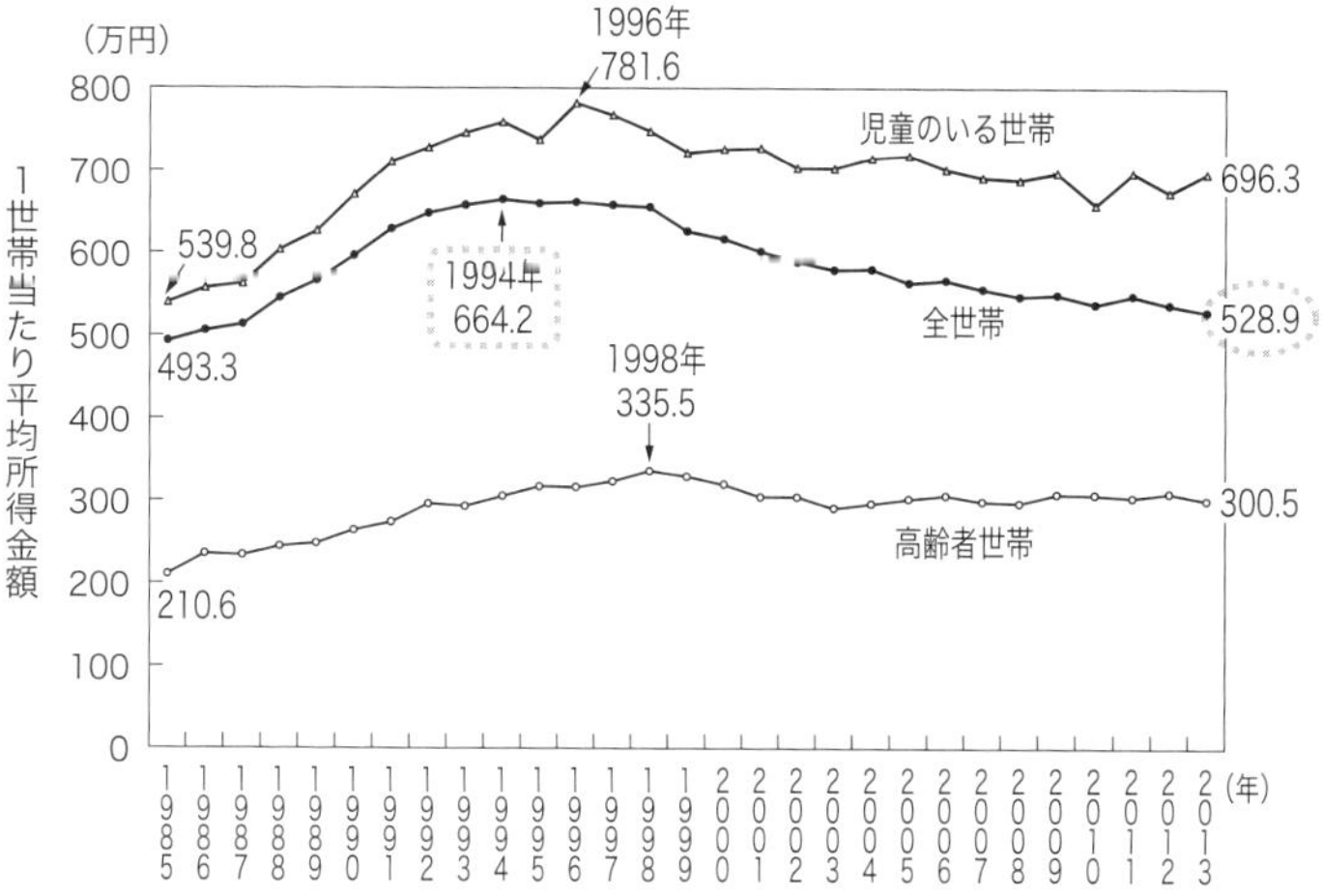

※ 1994 年の数値は、兵庫県をのぞいたものである。
※ 2010 年の数値は、岩手県、宮城県及び福島県をのぞいたものである。
※ 2011 年の数値は、福島県をのぞいたものである。
出所：厚生労働省「平成 26 年国民生活基礎調査」

10年間入ってこなかったら空気がどんよりしますね。親戚一同がお正月に集まったときに赤ちゃんがひとりもいないと、やっぱりどんよりするでしょう。新しい人や子どもがいることで、空気が一気に活気づくのが、普通の人間の社会なのです。

誤解がないように言っておくと、僕は子どもを産めと言っているのではありません。産むか産まないかは、100%女性が自分の自由意思で決めればいい（女性が100%決めなければいけないわけでは、もちろんありませんが）。子どもを産まない選択も当然アリだと思っているので、僕自身は「産めよ増やせよ」という気持ちは、まったくありません。ただ、産みたいのに産めない社会は、おかしいと思っているのです。

人間の理想の暮らしは何だと思いますか？

僕は、普通にごはんが食べられて、飲める人はたまにお酒が飲めて、あったかい寝床があって、上司の悪口を自由に言い合える友達がいて、そして好きなときに赤ちゃんが産めたら、普通の人間は幸せだと思うんです。上司というのは、労働条件のすべてですからね。上司を政府に置き換えると、表現の自由、言論の自由ということになります。

また、人間はホモ・モビリタス（移動するヒト）とも言われていますので、置かれた場所で咲くことができなければ、咲ける場所を探して好きなところへ行ける、つまり移動の自由をこれに付け加えれば、ほぼ完璧ではないでしょうか。

四季の移ろいが美しく、水とごはんがおいしい僕の大好きな日本で、そのような社会が実現できれば、素晴らしいことではありませんか。

もちろん他にも大事なことはありますが、人間の歴史から見ていくと、これが理想の社会だと思うのです。

近代国家の国境管理が少子化を招く

駒崎　出口さんが「歴史」とおっしゃいましたが、日本は高齢者が2050年には人口の4割を占めることになり、労働人口が減り続ける現実に直面しています（図1－2参照）。これほどの超高齢化社会は歴史的に体験してこなかったし、世界・人類全体においても、一度たりともなかったことです。僕らは、未曾有の事態に突入していることを、認識しなければいけないですよね。

出口　おっしゃる通りです。

駒崎　ただ、「なぜ少子化が問題なのか？」がきちんと認識されていないようにも感じます。大きく分けて問題はふたつありますよね。それは、「社会保障」と「経済」の問題。

社会保障については ご存じのように、現役世代が高齢者の社会保障費を負担しています。現役世代が多いときはいいのですが、少子化が進むと現役世代が減っていき、同時に高齢者が増えていく。つまり、機械的な計算では、少ない人数で高齢者を支えなければならなくなるのです。

国民皆保険（すべての国民をなんらかの医療保険に加入させる制度）が発足した1961年当時は、

図1-2　高齢化の推移と将来推計

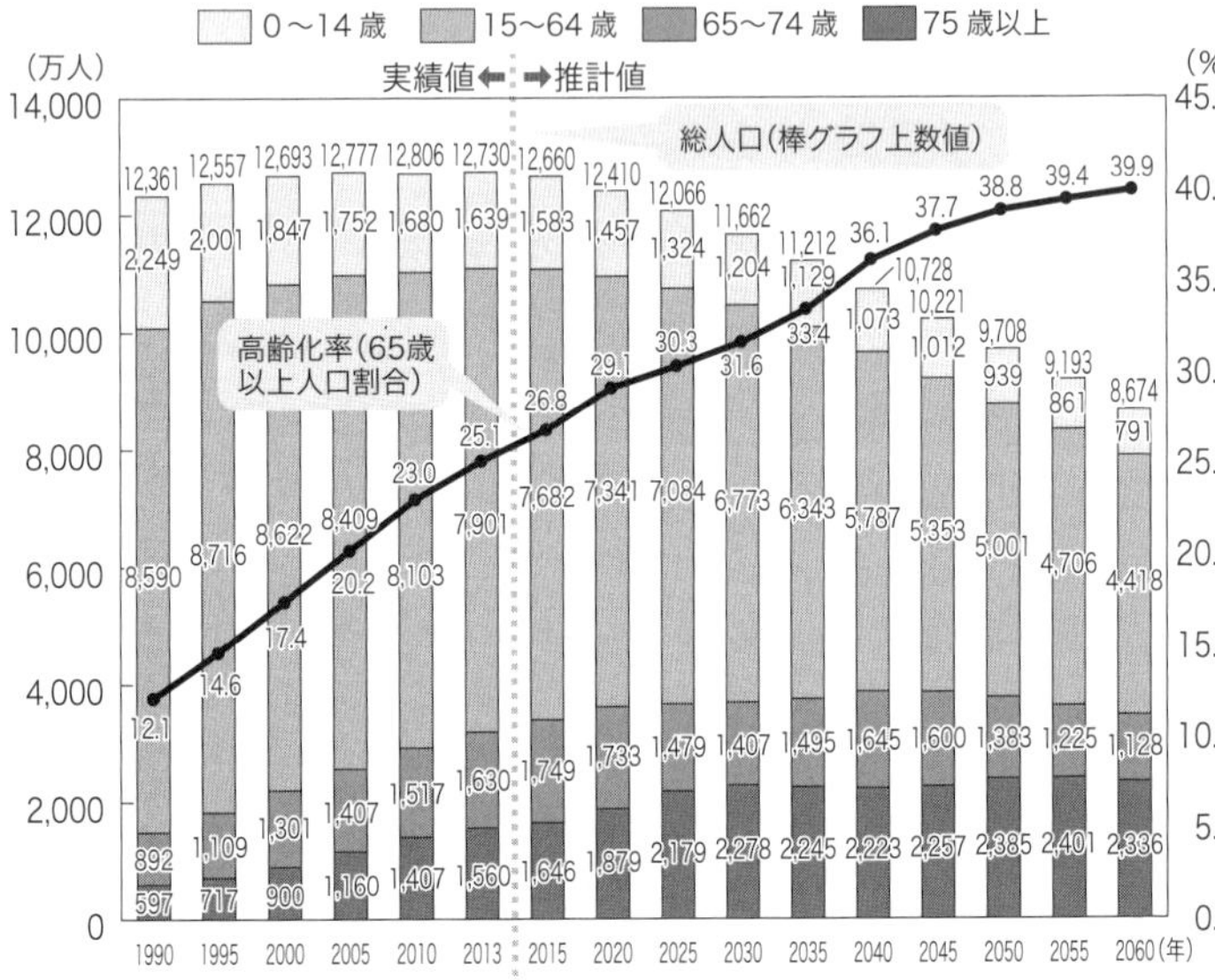

※ 1950年～2010年の総数は年齢不詳を含む。高齢化率の算出には分母から年齢不詳をのぞいている。
出所：内閣府「平成26年版高齢社会白書（全体版）」

現役世代11人に対し高齢者ひとりだったのが、いままでは3人でひとりを、そして近い将来、ひとりでひとりを支えなければならない事態に陥るとされています。

もうひとつは経済です。子どもが増えないと、働き手が足りなくなる。そうなると生産性が低下し、経済の流れが悪くなります。そして、消費も停滞しますよね。お金をつかうのは現役世代がどうしても多くなりますし、子どもがいればなおさら増えるはずなのに、そうなりません。

出口　人間の歴史を見ていくと、少子化問題については、「国境」の問題、すなわち「ネーションステート（国民国家）」の問題があると思います。

ナポレオンによって完成された国民国家が国境管理のシステムを最終的に整えたのは、たかだかこの２００年ぐらいのこと。それまでヒトは約20万年前にアフリカで生まれて以来、ずっと移動し続けてきた動物です。住みやすいところへ自由に移動するのが当たり前でした。

例えば、４０００年前の先進地域バビロンの都が少子化になったとします。いつの時代でも先進的な大都市には、レジャー施設やレストラン、バーなど楽しく遊ぶところがたくさんあるので、どうしても少子化になりやすい。するとその分、空き家が生じます。そうすると、「バビロンに空き家が増えた」という噂がたち、周辺の山岳地帯から一旗あげようという意欲にあふれた人々が自然と移動してくるのです。

いまの日本にも、空き家が８００万戸以上あります。地球規模で考えると、国境さえなければ人は自由に移動する。労働力が足りない地域には、働きたい人々が自然に入ってくる。辺境からやってくる人々は、一般には子だくさんなので、少子化は起きません。

現在の日本のような少子高齢化や、中東におけるユースバルジ（若年層の突出した多さ）の問題は、近代国家が人の移動を厳しくコントロールしているからこそ起きる現象で、それ以前の世界にはなかったのです。

駒崎　いまだって、世界全体を見れば人口は膨張していて、十分な数の若い人がいます。日本が、そうではないというだけ。だから、国民国家の枠組みをゆるめて、いろいろな人が入ってくるようにすれば、この問題は解消するという考え方もありますね。

出口　そうなんです。一番わかりやすいのは、日本に来る外国人観光客があっという間に増えたこと。２０１５年は2千万人近くまで急増しましたね。円が安くなったこともありますが、理由の9割はビザをゆるめたからです。ビザをゆるめ、国境を低くすれば、人はどんどん入ってくる。

しかも歴史的に見れば、自分が生まれた土地から出て行こうとする人はおしなべて優秀です。ちょっと考えてみれば、すぐにわかります。英語が話せる人は、どこへ行ってもなんとかなると思うから出て行きやすい。でも、英語が話せなくて外国人を見るのもイヤだという人は、生まれたところからなかなか移動しません。

職場でも同じです。市場価値の高い人は、新たなチャレンジを求めて積極的に外の世界へ出て行きます。

出て行く人、移動しようと思う人は、一般論で言えば働く意欲にあふれ、頑張ればなんとかなると思う人なので、そういう人を受け入れた社会が発展していきます。アメリカがその典型ですが、歴史を見ると、他にもたくさんの例がある。

レコンキスタ（キリスト教国によるイベリア半島の再征服運動）を完成させてイスラム国家を滅ぼしたスペインは、ユダヤ人をはじめとして、異教徒を次々に追放します。すると人口が減って、国が貧しくなってしまった。たとえてみれば、これはアメリカがユダヤ人や黒人を追放するような、愚かな行為です。金融業も農業もできなくなってしまったのです。

歴史を見ると、人口の増加は安定や発展とほぼ同義語です。中長期的な視点で見て、人口が減って栄えた国や地域を、僕は知りません。

駒崎　じつは日本は、歴史的に見れば渡来人を受け入れ、移民を受け入れ続けてきた国なんですよね。さまざまな民族が融合し、その中で日本人が形成されてきたにもかかわらず、現代の日本人は自らを「ホモジニアス＝単一民族国家」だと思っていて、移民の受け入れをしないばかりか、難民すら受け入れようとしません。

いかにして国を開いていくかは、とても重要です。ただ、いまの日本は「経済のために安い労働力を」という自分たちに都合のいい形で、労働力としてしか受け入れようとしていない。そんなことをしていたら、この先どうなるか。ヨーロッパでの移民政策の初期の失敗を、繰り返すことになりかねません。

出口　駒崎さんがおっしゃる通り、昔の日本人は、外国から来た人にあまり抵抗がなかったのです。日本という言葉の定義をどう考えるかですが、持統天皇の時代に日本という国号が定着する。そう考えると、日本の歴史は1300年あるのです。異国の人を意識し、単一民族国家と錯覚するようになったのは、戦後になってから。古くさかのぼったとしても、せいぜいが江戸時代以降のことではないでしょうか。

駒崎　そうですよね。

日本は受容力の高い移民国家だった

出口　江戸時代以前の日本人は考え方がとても自由で、異国の文化にも嫌悪感を示さなかった。わかりやすい例を挙げると、安土桃山時代にキリスト教が入ってきました。当時の日本の人口は1～2千万人なのに、キリスト教徒が30～40万人も生まれたのです。いまは人口が1億3千万人ですが、キリスト教徒の数は同じくらいです。

ちなみに当時の中国のキリスト教徒は、最大10～15万人と言われています。中国の人口は、当時も日本の10倍以上あったにもかかわらず、です。

駒崎　つまり、受容力がすごく高かったんですね。

出口　他にもおもしろいデータがあって、日本人の遺伝子を分析すると、本州に住んでいる人は4～5タイプに分かれます。北方から来た人、琉球から来た人、朝鮮から来た人、上海あたりから黒潮に乗って来た人などです。日本は移民がつくった国ですからね。

一方で、中国や韓国は日本ほど遺伝子が分散していない。最大グループが、日本よりはるかに大きい。つまり、日本は生物学的には、多様性に富んだ社会なのです。

駒崎　なるほど、なるほど！

出口　遺伝子のタイプで見れば、ホモジニアスなのはむしろ中国や韓国です。日本人の遺伝子がばらけているというのは、生物学では常識です。

駒崎　おもしろい！　日本は単一民族などではまったくなく、移民国家だったことが遺伝子からも証明されているんですね。

出口　人間の常識は、その人が生まれ育った20～30年の社会の意識の反映でしかないんですよ。だから僕は極論すれば、日本人はいないと言っています。

例えば明日、駒崎さんに赤ちゃんが産まれたとします。明後日、ワシントンに養子に出して20年後に再会したら、駒崎さんそっくりの顔をしているけれど、その赤ちゃんは日本人ではなくアメリカ人に育っています。もちろん、日本語も話せません。

結局、すべてのヒトは、育った社会の意識を反映して、大人になっていくのです。単一民族国家とかホモジニアスというのは、明治以降の日本社会が生み出した共同幻想にすぎないのではないでしょうか。

駒崎　とすると、日本の少子高齢化は、国民国家に区切ったゆえの問題で、ボーダーをゆるめたり開いたりすれば流入が起き、人口バランスが整うのではないか。そういうある意味楽観的で、希望のあるビジョンを出口さんはお持ちですか？

出口　その前にまず、僕はこの国の女性が、産みたいときに安心して赤ちゃんを自由に産める社会環境をつくることが優先されるべきだと思います。あるお医者さんのフェイスブックに、次のような書き込みがありました。

「被虐待児の臨床をやっていると、いまの日本で女性は必ず子どもを産んだほうがいいとは、とても言えないし、子どもを持つことをすすめようとも思わない。大切なのは、子どもの数を増やすことではなく、幸せな子どもを増やすことだ。そのためには、幸せな母親を増やさなければならない」と。まったくもって、その通りだと思います。

駒崎　僕も同じ意見です。

僕は、日本の女性は構造的に差別されていると思っています。賃金が男性の70％しかないことを見ても、男女差別は明らかです（図1－3参照）。女性をこれほど差別している国が、外国人を受け入れ、同胞として尊厳を持てるかというと、できるわけがありません。

図 1-3　主要国の男女間賃金・勤続年数格差（2013 年）

国名	賃金格差（男＝100）	勤続年数格差（男＝100）
日本	71.3	68.4
アメリカ	82.1	95.7
イギリス	80.9	95.0
ドイツ	81.3	90.6
フランス	84.6	98.8
スウェーデン	88.0	105.4
韓国	69.8	63.0

出所：厚生労働省「平成 25 年賃金構造基本統計調査」等

図 1-4　ジェンダーギャップ指数（2015 年、日本の順位）

世界ランク　101 位／145 ヶ国

分野	2015 年		2014 年		2013 年	
	指数	順位	指数	順位	指数	順位
政治	0.103	104 位⇧	0.058	129 位	0.060	118 位
経済	0.611	106 位⬇	0.618	102 位	0.584	104 位
教育	0.988	84 位⇧	0.978	93 位	0.976	91 位
健康	0.979	42 位⬇	0.979	37 位	0.979	34 位
総合	0.670	101 位⇧	0.658	104 位	0.650	105 位

出所：The Global Gender Gap Report 2015

出口　日本のジェンダーギャップ指数（男女平等指数、男女格差報告）は、世界145ヶ国中、101位です（図1－4参照）。まずは日本の社会の中で、先進国としては恥ずかしいこの順位を上げていくべきです。

ごはんが食べられて、寝床があって、愚痴が存分に言えて、子どもが産みたいときに産めたら、それが理想の暮らしだと、先ほど言いました。僕は、そういうオープンな国、オープンな社会をつくれたら十分だと思います。

しかし、ジェンダーギャップ指数101位という数字を見てもわかるように、現状の日本の社会はあまりにも女性にしわ寄せがいきすぎています。

根拠のない「3歳児神話」

出口　もうひとつ、人類の歴史に学びたい大切なことがあります。子育てや介護は、社会全体でやるもので、家族だけでやるものではないということです。

駒崎　その通りですね。

出口　20万年前に僕たちの直接の祖先であるホモ・サピエンスが生まれてから定住を始める1万年ちょっと前まで、ヒトはグループで移動しながら暮らしていました。当時はもちろん田畑などはないので、外に食糧を採取しに出かけます。

男たちは狩りへ出かけ、女たちも貝や山菜を採ってくる。働ける人はみんなで手分けして、食べものを採りに出かけました。そうすると、小さな子どもたちは残されてしまいます。高齢者も残る。そこで、交代で誰かが群れに残り、当番で子どもや高齢者の面倒をみていたのです。

安倍晋三首相が言われていた「3年間抱っこし放題での職場復帰支援」は、いわゆる3歳児神話（註：子どもが3歳になるまでは母親が子育てに専念すべき。そうしないと成長に悪影響を及ぼすという考え方。ただしこの言葉に付託された本来の意味は、3歳までの脳の発達は極めて重要であって、その間に正しい刺激を与えなければ、健常な発達が臨めないことがある、ということにある）を考慮されてのことだと思いますが、3歳児神話というのは、じつは人間の歴史にはないのです。

そもそも人間は、お母さんと1対1ではなく、集団の中で育ってきた。それが正しい方法だし、集団で育てることで人間は社会性が身につくのです。

駒崎　そうなんですよね。そもそも3歳児神話のきっかけとなったのは、1951年に世界保健機関（WHO）の要請で行った、イギリスの学者、ジョン・ボウルビィの、第二次世界大戦による戦争孤児の報告書だとされています。そこには「孤児や親と離れた子どもたちに、精神発達の遅れが生じている」とありました。

日本には1960年代くらいに入ってきたのですが、それがなぜか「3歳までは母親が必要に」という解釈になってしまった。国も1998年の厚生白書で、「（3歳までは母親が必要という説について）少なくとも合理的な根拠は認められない」としています。
僕は「3歳児神話」を「3歳児デマ」と言い換えています。神話というと崇高に聞こえるので、単なるデマゴギーであると認定したほうがいいと思っている。
日本の保守派の人たちはよく「お母さんと一緒にいるのが大事だから」と言いますが、日本の長い歴史を振り返り、お母さんだけで子育てをしている時代がもしあったとしたら、それは戦後の20～30年だけです。

出口　その通りです。ちなみに僕はエドマンド・バークが大好きなので、生粋の保守派を自認しているのですが（笑）。

駒崎　専業主婦という職業類型が最も多かったのは1970年代で（1997年経済企画庁「国民生活白書」）、その後は下降し続けています（図1－5参照）。だから専業主婦というのは、非常に特殊な歴史上のゆらぎみたいなもので、それ以前は女性もずっと働いてきた。そして子どもは、親戚や地域など拡大家族の中で育ってきたわけです。

出口　みんなで育てていたんですね。

駒崎　歴史的に見ると、共同養育がデフォルトであり、母親のみの養育はかなりイレギュ

図 1-5　専業主婦世帯数と共働き世帯数の推移

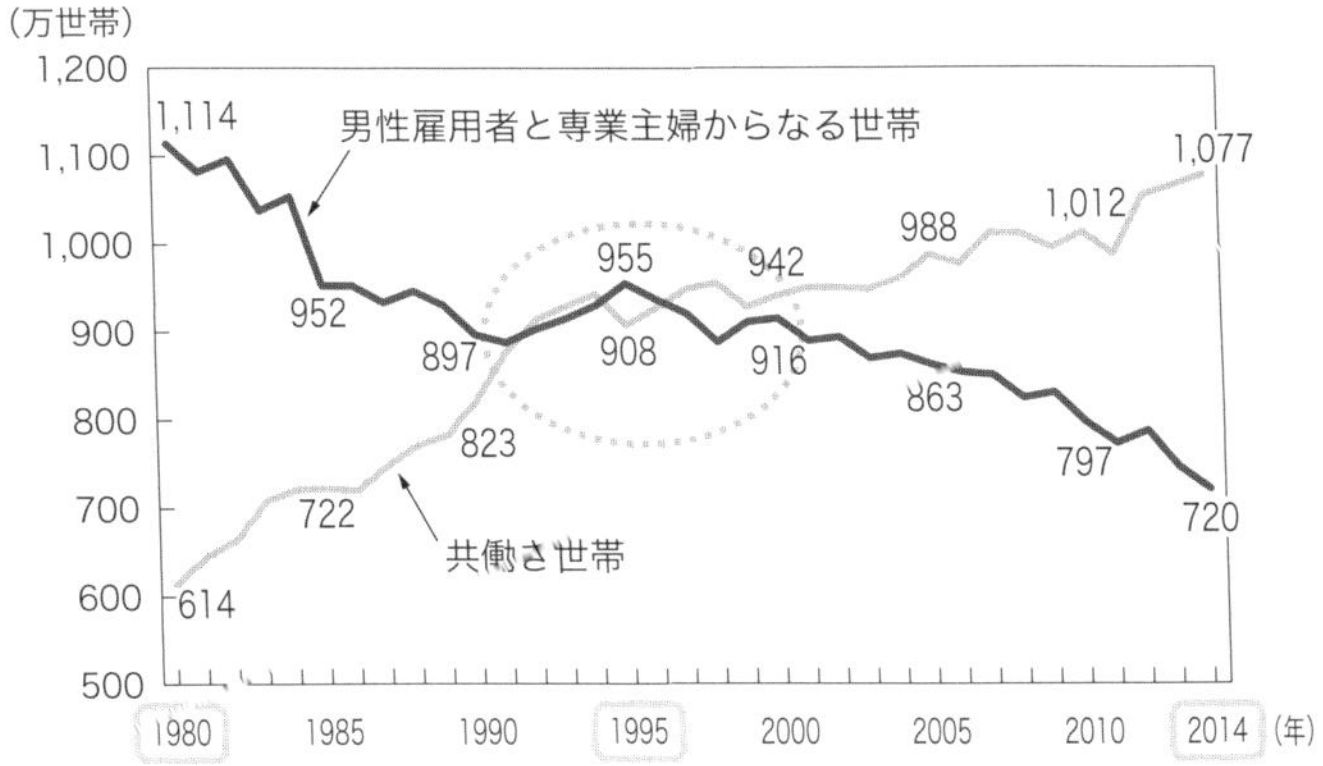

出所：独立行政法人 労働政策研究・研修機構

ラーなんです。なぜそれが、日本の伝統になるのか。伝統ってどんなスパンで言っているのか。真の保守派なら、共同養育こそ日本の伝統として愛でるべきであり、３年間お母さんが抱っこなんて言っている人は、保守の風上にも置けません（笑）。

出口　夫婦別姓もそうです。源頼朝と北条政子は夫婦だと学校で習ったじゃないですか。

駒崎　日野富子も。

出口　足利義政の正室ですね。日本の伝統は夫婦別姓なんですよ。

駒崎　いつから、こうなったんでしょう？

出口　明治以降の話です。

　これも世界共通の現象ですが、一般に伝統と言われているものは、近代の国民国家誕生以降に創作されたものが多いのです。スコットランドのキルト（スカート状の民族衣装）が、その典型です。そして僕たち、現在の日本人の意識は、過去20～30年の社会の「常識」を単に反映しているだけですからね。

駒崎　それを自然なことと思い、伝統だと思い込んでいるわけですね。

高度成長は一本道の富士登山

出口　特に、戦後の日本は高度成長を実現したので、その時代の仕組みが、日本人のデフォルトになってしまいました。なぜ高度成長がうまくいったのかというと、たまたまの幸運が連続した要素が、じつはかなり大きいのです。

戦後の世界秩序、グランドデザインを描いたのはアメリカの大統領ローズベルトですが、彼は第二次世界大戦中から大西洋憲章に始まる世界秩序を、熱心に構想していました。当時ローズベルトのアジアのパートナーは、蔣介石《しょうかいせき》でした。

「ワシントンと北京で、戦後の東アジアをコントロールしていこう」と考えるほど、ふたりは仲がよかったのです。

日本は戦争を引き起こしたとんでもない国だから、二流の将軍であるマッカーサーを送り、再び戦争ができないよう戦犯を追放しておけばそれでよかった。それが、ローズベルトの基本的な考えでした。

ところが日本にとっては幸いなことに、北京が毛沢東に取られてしまって、冷戦が始まりました。蒋介石が消えて、アメリカにとってはアジアのパートナーがいなくなり、ソ連と中国が手を結んでしまった。そこでアメリカは、不沈空母である日本に目をつけて、日本をパートナーにするしかないと、アジア政策を転換したのです。

ちょうどそのとき、日本には吉田茂という賢いリーダーがいて、「明治以降の富国強兵政策は、もう無理だ。強兵を捨てて富国だけで進もう」と、大きく舵《かじ》を切ったのです。

彼は、経済力で豊かな国となるために「アメリカの真似をしよう」と考えました。当時アメリカでは、GEやGMといった大企業が国の経済をけん引していました。それを見た吉田茂には、「日本も電力・鉄鋼の復興から始めて、最終的には電気・電子・自動車産業を興せばいい」という図式を描いたのでしょう。平たく言えば、地方から都市に出てきた人たちが、トヨタや松下に勤めれば、この国はうまくいくという路線が見えたのです。

こうして生産性の低い農業から生産性の高い加工組み立て産業へと、大量の労働の流動化が始まりました。その象徴が、東北から上野駅に到着した集団就職でした。

僕は、これをキャッチアップモデルと呼んでいます。

目指すは富士登山です。富士山はアメリカです。まっすぐに富士山の山頂に向かって突き進む一本道です。道がわかっていれば、人は早く登りたくなります。早く登るには、夜も寝ないで長時間歩けば早く到着できるのです。

こうして、長時間労働が始まりました。もともと第2次産業（製造業、つまり工場）の理想は、「24時間稼働すること」ですから、長時間労働になじみやすいのです。

駒崎 なるほど、それが高度成長ですね。

出口 「本当に富士山でいいのですか」とか、「裏道を探してみませんか」などと考える人は、邪魔になる。だから青田買いで、勉強しない元気だけが取り柄の大学生が重宝されたのです。

長時間労働を行うと、高度成長期のビジネスパーソンはくたくたに疲れて「風呂、めし、寝る」の生活になってしまうので、性分業（性別役割分業）をしたほうが効率がいい。だから女性は家庭に入れと専業主婦を推奨し、「第3号被保険者」（専業主婦〔夫〕は社会保険料を支払わないで済むという仕組み）とか「配偶者控除」とか、さまざまな仕組みをつくって「そのほうがラクですよ」とか「結婚退社のほうが有利ですよ」という文化をつくってしまったのです。

そして日本は、吉田茂の描いたグランドデザイン通りに高度成長し、うまくいったからよけいにそれがデフォルトになってしまいました。

冷戦、人口の増加など、さまざまな前提があって初めてうまくいったキャッチアップモデルですが、いまはこの前提条件がすべて消えてしまいました。

考えてもみてください。冷戦はなくなり、人口が減り始め、キャッチアップモデルもなくなり、逆に課題先進国となって、成長が止まってしまった。いまや潜在成長率は、0・2〜0・3%程度と言われています。日本は普通の国になったので、もう一度グランドデザインからつくり直さないといけない時期に来ている。

しかし、いまだにかつての仕組みのまま、日本の社会は動いています。戦後の成功体験で偉くなった人たちが、その成功体験をひきずりながら、社会を取り仕切っている。社会が変わらなくてはいけないのに、なかなか変わろうとしないのは、そのためではないでしようか。

第2章

社会の仕掛け、仕組みを変えよう

フランスに学ぶ「シラク3原則」

出口　少子化について、いつも僕が話題に挙げるのはフランスの「シラク3原則」です。この話をすると、たいてい「フランスと日本では社会の事情がまったく違う」という一言で片づけられてしまい、あまり真面目に議論されませんが、僕はしっかり学ぶべきだと考えています。元外交官の藪中三十二《やぶなかみとじ》さんも著書『国家の命運』（新潮新書）の中で、シラク3原則についてふれておられます。

シラク3原則とは、フランスが少子化問題を解決するため、シラク大統領の時代に導入した政策パッケージのことです。まず、この政策が生まれた経緯についてお話ししておきましょう。

フランスの友人に聞いた話では、パリにディズニーランドができ、英語の大学院ができ、フランスワインを飲む人が減ってきた……。こういうことにフランス人は非常に危機感を抱き、徹底的に議論を重ねたそうです。

そして、「アングロサクソン文化に飲み込まれることなく、フランス文化をできるだけ守りたい」という結論になった。フランス文化とは何か。彼らが行き着いたところは、母語（マザータング）としてフランス語を話す人を増やすことでした。文化は言葉だからです。

駒崎　なるほどなるほど。

出口　第2外国語でフランス語を勉強してもダメなんです。言葉は人間の思考の道具なので、マザータング＝子どものときに覚える母語が、鍵を握っているのです。

要するに、フランスで生まれる赤ちゃんが増えなければ、フランス語を母語とする人口は増えない。フランス文化を守るためには、フランスでたくさん赤ちゃんが生まれるような社会をつくらなければならない。

このようにして、「赤ちゃんはフランス文化を守る社会の大切な宝だ」という市民の共通認識が生まれたのです。

駒崎　素晴らしいですね。

出口　そしてこの先が、フランス人が非常にロジカルなところです。

男性は赤ちゃんが産めないので、この問題については男性には発言権がありません。赤ちゃんを産めるのは女性しかいない。そうであれば、女性が産みたいときに産んでください、男性の意見を聞く必要はありません、というのがシラク第1原則です。

本人が産みたければ、18歳で産んでもいい。すべて女性が決めればいいのです。

ただ、18歳ではお金がありません。女性が産みたい時期と、女性の経済力は必ずしも一致しないので、その差は税金で埋める。女性が何人子どもを産んでも、そのことで決して貧しくなることはないと保障したのです。産みたくない人は産まなくていい。でも、産みたいと思ったときは「社会がとことんサポートするので、安心して産んでください」という仕組みをつくったのです。

駒崎　すごくシンプルですね。

出口　次は、保育園です。お母さんも働くことが前提なので、赤ちゃんを必ず預けられる場所を用意する。これがシラク第2原則です。駒崎さんがなさっている病児保育も、もちろん含まれています。

日本では、保育園の待機児童問題が大きな社会問題になっていますね。この問題に正面から取り組まれた横浜市の林文子市長は、「待機児童ゼロになるまで3年かかった」とおっしゃっていましたが、フランス人は、この問題は政府のやる気ひとつだと言っています。「日本の新聞をいくら読んでも、小学校の先生が足りないから、教室が足りないからと、小学1年生を待機させたケースはひとつもない。義務教育ならできるのに、なぜ保育園はできないのか？　やる気がないだけでしょう。義務教育と同じレベルで義務保育にすれば、あっという間に解決するではないか」と。

駒崎　本当に、その通りです。

出口　そして第2原則にはもうひとつ、フランス人らしい知恵が隠されています。駒崎さんはよくご存じだと思いますが、0歳児保育は非常にコストがかかります。でも、1歳児以降はコストが下がっていくんですよ。

駒崎　たしかに、そうですね。

出口　そこでフランスは、育児休業給付金の支給を1年目はほぼ100%にした。つまり、育児で休んでも、もらえる金額は変わりません。そうすると「もらえる金額が変わらないのなら、1年目だけは赤ちゃんと一緒にいよう」という気持ちになって、子どもが0歳の間は家で過ごす人が多くなりました。すると、0歳児を預かって保育する必要がなくなるので、社会全体のコストも下がります。

こういう制度設計の仕組みが、フランスの賢いところです。ちなみに、スウェーデンも同じです。

駒崎　なるほど。

出口　シラク3原則の最後は、男性でも女性でも育児休業を取ったあと、元の人事評価のランクで職場に戻れるとしたこと。

いつだったか、日本では経団連の偉い人が「育児休業で1年も2年も休まれたら、後任も育っているので受け入れはなかなか難しい」と話していました。しかし、フランス人に言わせれば、「日本の大企業は、男性社員を海外の大学院へ教育に出しているよね」と。

よく考えれば、恥ずかしい話です。自国の大学院を育てていないから、大学院での教育ができない。だから、よその国で数年間勉強させているわけです。そして日本の大企業は、数年間外国で学んだ男性を喜んで受け入れている。しかし、社会の宝である赤ちゃんを産んだ女性は受け入れにくいと言う。そうだとすれば、経団連の人が言っているのは、「単なる男女差別じゃないか」と言うのです。

フランスはこのシラク3原則のおかげで、1994年には出生率が1・66だったのですが、15年弱で2・0を超えるまでに回復しました（図2－1参照）。決して移民だけが出生率を上げているわけではありません。こうした事例を見るにつけ、日本にもできることがまだまだあると思います。

ちなみにシラク3原則は、すべて法制化されています。日本にシラク3原則をそのまま適用した場合、GDPの2％前後のコストがかかると言われていますが、それ以上の効果があることは、明らかだと思います。人口が増えることは、中長期的に見て、社会の成長につながるのですから。

図 2-1　主要先進国の合計特殊出生率の推移

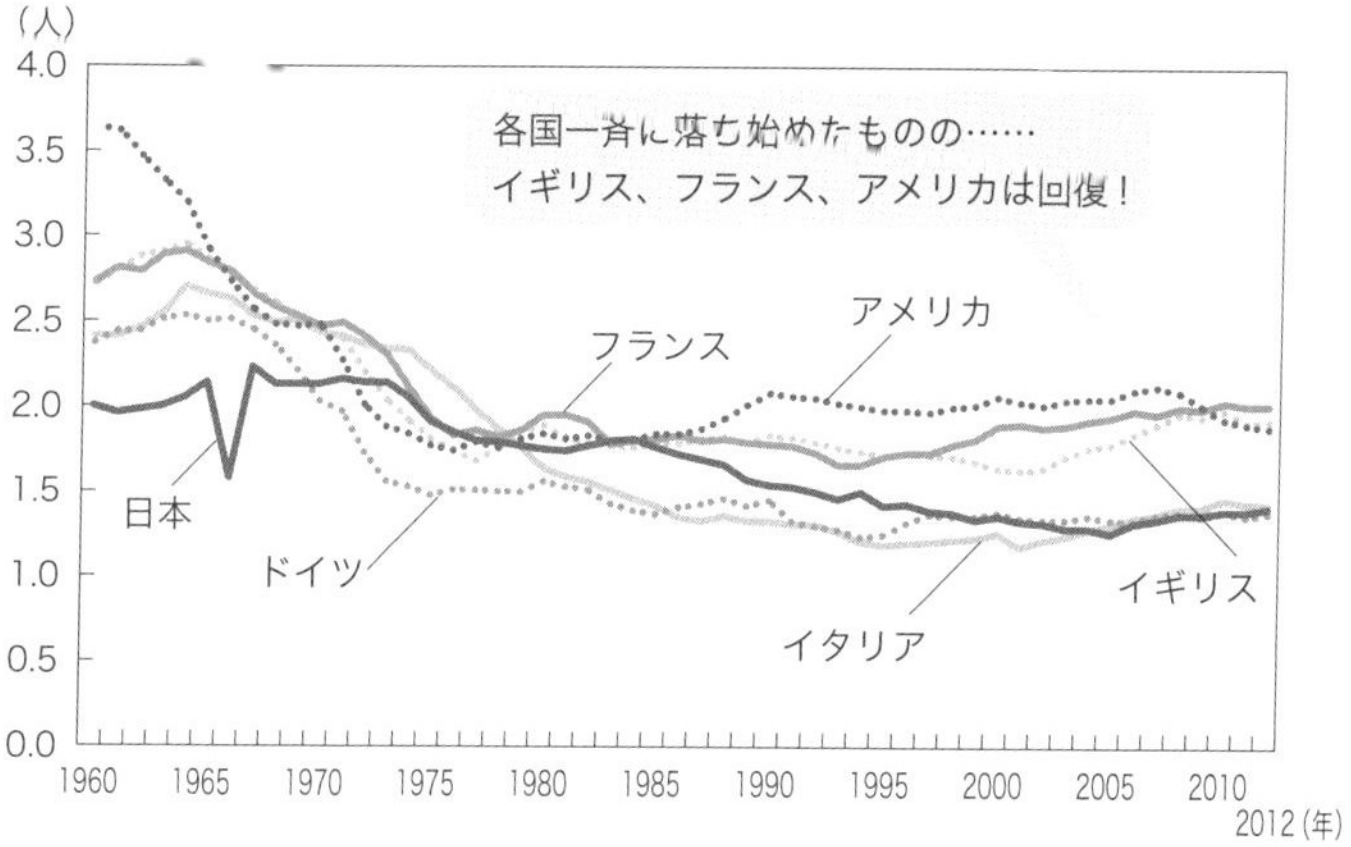

出所：内閣府「2014 年版少子化社会対策白書」

図 2-2　主要国の女性の平均初婚年齢、第 1 子出生時の平均年齢

	女性の平均初婚年齢	第 1 子出生時の平均年齢
日本	29.3（2013）	30.4（2013）
フランス	30.8（2011）	28.6（2006）
スウェーデン	33.0（2011）	29.0（2011）
ドイツ	30.2（2011）	29.0（2011）
アメリカ	25.8（2006 ～ 2010 の平均）	25.1（2005）

出所：厚生労働省「人口動態統計」、Eurostat、Centers for Disease Control and Prevention

日本の婚姻形態のおかしさ

出口　日本では、「フランスの赤ちゃんの半分以上が婚外子だ。赤ちゃんが多いのは、不倫が多いからではないか」などと見当外れの意見も散見されます。しかし、この発言はリテラシーの低さを物語っています。不勉強そのもの。世界から見れば、日本の婚姻形態がむしろ例外なのです。

日本人の女性は、平均29歳前後で結婚しています。そして第1子の出産が30～31歳くらい（図2－2参照）。このような婚姻形態は、先進国の中では日本だけです。他の先進国はアメリカを除くと、第1子出産がだいたい28～29歳、結婚が30～33歳です。日本とは結婚と出産の順序が違うのです。

駒崎　そうですね。日本だと結婚して出産という順序が非常に多いのですが、外に目を向けるとそうでもない。

出口　他の先進国では、若い男女が互いに好きになったら一緒に住み始めます。一緒に住んでしばらくすると、赤ちゃんが産まれる。かわいい赤ちゃんの顔を見たお父さんやお母さんや親戚の人が「赤ちゃんも産まれたことだし、そろそろお披露目して、法律婚にしておいたら安心だよ」「そうだなあ」となって、籍を入れる。これが世界共通の、あるいはヒトの自然な婚姻形態ではないでしょうか。

なぜ日本の婚姻形態が歪んでいるかというと、不勉強なおじさんやおばさんが「結婚前に妊娠するのはふしだらだ」とか「だらしがない」とか、余計なことを言うからです。フランスで生まれる婚外子は、不倫でもなんでもありません。他の先進国も同じです。

ちなみに外国では、不倫はそれほど多くないそうです。不倫をこっそり研究している僕の友人に言わせれば、日本のほうが圧倒的に不倫が多い。なぜなら外国では、相手のことを嫌いになったらすぐに別れるから、不倫をしている暇がないのだそうです。日本は離婚の社会的なハードルが高いので、仮面夫婦が生まれ、不倫が起こると彼は言っていました。数字、ファクト、ロジックで直接僕が確認したわけではないので、何とも言えませんが。

待機児童問題は解消できる

出口　ところで、少子化対策について先進国の事例を見れば、やるべきことはほぼわかっているのですが、社会を変えるためには何から手をつけるかというアジェンダの設定が、とても重要です。わが国でまず取りかかるべきは、待機児童を解消することですよね。

柴田悠さんによると（『子育て支援が日本を救う』勁草書房）、潜在的待機児童（就学前保育約100万人＋学童保育約40万人）を完全解消すると、3・8兆円の追加予算が必要となりますが、労働生産性の成長率（と経済成長率）は、約2・9％ポイントも増加するそうです。

駒崎　そうですね。じつは、日本では保育園の数は劇的に増えているんですが、待機児童は減っていないんですよ。理由は保育園入園希望者が増えたことです。そうなると、もっと保育園を増やせばいいのですが、そんなに機動的に保育園をつくれない要因があるんです。その要因とは、予算の壁、自治体の壁、物件の壁、制度の使い勝手の壁、の4つ。

まずは予算の壁ですが、待機児童の多い都市部においては、保育士不足が深刻です。これによって、開園に大きくブレーキがかかります。保育園はひとりでも保育士が欠けたら、法令違反となって開園できません。そのため「保育士を採用できた数」が、開園数の上限になります。

保育士不足は、そもそも保育士の処遇が低いことが要因です。保育士の給与（女性の年収ベース）は全国平均で322万円で、全産業平均373万円と比較して、51万円程度低い（2016年6月2日　閣議「ニッポン一億総活躍プラン」）。そのため、有資格者の半数しか、保育士としての勤務をしていないのです。保育士としての勤務を望まない理由の1位が、「賃金が希望と合わない」というデータがあります（2013年　厚生労働省「主な人手不足職種に関するハローワーク求職者の免許・資格の保有状況」)。

一方で、それが解消されたときの保育士就業希望率は63・6%(2013年 厚生労働省職業安定局「保育士資格を有しながら保育士としての就職を希望しない求職者に対する意識調査」)と、復帰の可能性はかなり高くなります。保育士資格を持っていて働いていない潜在保育士は約76万人(2013年 厚生労働省雇用均等・児童家庭局保育課調べ)と推計される一方で、保育士不足数は7・4万人程度(2014年 厚生労働省)ですから、「いま働いていない保育士が、保育士として働く」ことで問題は解決します。

2016年度に保育士の給与が2%、補正予算で1・9%上がることになったのは喜ばしいことですが、まだまだ足りない。ここに予算を投入して保育士処遇をさらに改善できれば、開園スピードは大きく早まります。

出口　保育士は激務ですし、なおかつ子どもの命を預かる責任の重い仕事なのに、どうしてそんなに処遇が低いのでしょうか。ここは、大いに改善しなければなりませんね。

駒崎　そうなんです。保育士の専門性については、まだ十分に理解されているとは言い難い。いまだに「子どもと遊んでいてお給料がもらえるなんてラクでいいね」なんて発言が後を絶ちません。保育は非常に専門性の高い仕事ですし、出口さんがおっしゃるように責任も非常に重い。もっとみなさんに、保育という仕事の専門性を伝えていきたいと、僕自身思っています。

ところで、保育園をつくれないふたつめの要因は、自治体の壁です。ここには、自治体の意思決定バイアスと過剰関与があります。

保育園開園時の初期投資は、基礎自治体（世田谷区や松戸市など身近な自治体）が窓口。ところが、基礎自治体では「将来少子化が来たとき、保育園があまってコストがかさむのでは……」と、将来の過剰インフラを懸念し「待機児童はたくさんいるけれど、いまはこのくらいにしておこう」と過少にコントロールする傾向があります。

そして、保育園の定員の弾力化（定員以上に一定割合入れられる施策）も、自治体の許可をその都度取らなくてはならない、不透明なルールです。待機児童がいるのに弾力化を認めない事例もあります。都内などの都市部では公定価格（補助金）のみでは運営ができないので、自治体が上乗せ補助を行わざるをえません。すると、自治体が上乗せ補助を根拠に、過剰規制をはめてくるという構造が横たわっています。

これはどういうことかと言うと、例えばある自治体では保育園園長の採用基準を「6年連続して保育業務で働いた経験が必要」として無意味に規制し、保育園をつくりづらくしています。経験を問うのであれば、「のべ」でよいはずで、「連続」である必要性はありません。「連続」だと、育児休業も取れなくなります。

ここには、過剰なまでのコンプライアンスがあります。もし事故が起きれば、責任を問われるのは役所です。だから厳しい基準を作る、ということが起きています。

3つめは、物件の壁です。大規模な認可保育園向けの用地や物件が、都市部では不足しています。仮にあったとしても周辺住民の反対運動などがあり、物件取得のハードルは高いのです。

そして4つめは、制度の使い勝手の壁です。地域型保育（市町村による認可事業で、小規模保育、家庭的保育、居宅訪問型保育、事業所内保育のこと）を中心とした制度不備とも言えます。

子ども・子育て新制度において作られた、地域型保育。中でも小規模保育は初年度に1655ヶ所に激増するなど、大きなポテンシャルを持っていますが、地域型保育は、制度の不備で潜在能力を活かしきれていません。例えば、小規模保育は0～2歳までしか預かれないのです。5歳まで預かれるようにすればいいのに。こういう無意味な規制が、存在しています。

出口　最近は、待機児童問題が高じて、保育園に第1子が機嫌よく通っているのに、第2子を妊娠したお母さんが育児休業を取ると、「お母さんがいるのなら、お母さんが育てるべきだ」と保育園を追い出されるケースもあるとか。ひどい話だと思うんですよ。

駒崎　全国的によくある話ですね。

出口　保育園が足りないから、役所の都合で退園させる。お子さんが「お母さんと一緒にいたい」、お母さんも「ぜひとも引き取りたい」と言うのなら、話は別ですよ。

でも普通に考えたら、子どもは保育園で友達もでき、子どもなりの社会ができつつある。その子にとっては、下の子が生まれるとか、お母さんが育児休業に入ることは、何の関係もないことです。突然保育園を追い出されてしまったら、子どもの脳の健全な発達にいいわけがない。こんなめちゃくちゃなことをやっているのは、保育に関する予算が少ないからです。

駒崎　愚かなんですよ。第2子を妊娠中に第1子が退園させられるとしますよね。でも、第2子が生まれていざ預けようとしても、第1子が通っていた保育園に通える保証はない。それに、ふたり同じ保育園に預けられる、という保証もない。そもそも第1子の退園いかんにかかわらず、兄弟が同じ保育園に通える保証は、ないんですよね。第1子がA保育園、第2子がB保育園なんていうのは、しょっちゅう聞く話です。

出口　本当に愚かですね。

駒崎　保育園は、子どもが1日の大半を過ごす場所なんですよ。そして保育園に預ける家庭は、たいてい時間に追われています。それを考えると、途中で退園させるとか、兄弟で保育園が違うとか……理解に苦しみます。

じゃあ、どうするか。待機児童を解消するには、声を上げていくしかないんですね。

見落とされていた障害児保育

駒崎　保育園問題はとかく待機児童に焦点が当てられますが、障害児保育についても、もっと知ってほしいと思っています。障害児の親の大多数が就業を希望しているのですが、そのほとんどが就業できていない。例えば、大阪市の調査によると常勤雇用率は5％で、健常児の親の7分の1と言われています。

出口　障害児保育については、知らない人が多いかもしれませんね。

駒崎　せっかく命が助かり、生まれてきた子どもたち。しかし病院を出たあと、医療的ケアが必要な子ども（医療的ケア児）のほとんどは、保育園でも幼稚園でも預かってもらえません。通所施設は数時間しか使えず、ヘルパーもたくさん使えるわけではない。そんな状況で、親（特に母親）は社会的に孤立し、24時間365日の看護に疲労困憊しきっています。例えば、世田谷区では9割の親が、睡眠は6時間以下で分断睡眠だったという報告があります。

　ではなぜ、そんな状況に医療的ケア児とその親たちは、追い込まれてしまったのでしょうか。その原因は、障害児福祉の古い制度にあるのです。

医療的ケア児の多くは、マンツーマンの支援が必要な重度の障害児です。しかし、重症心身障害児（重心児、重度の肢体不自由と重度の知的障害が重複した状態の子ども）という、身体的にも知的にも重い障害がある子とは見なされない子どももいます。重心児認定されれば、マンツーマンの支援に必要な補助金が出ます。しかし、重心児認定されなければ補助は出ず、よって支援を行うことは事業者にとって「割に合わない」ことになり、支援の手は遠のきます。

子どもによっては自分で歩けるし、知的に「遅れがない」という場合もある。でも、そうすると重心児とはみなされないのです。だから医療的依存度が高く、呼吸器が外れたら死んでしまうという非常にリスクが高く、濃密な支援が必要な状態にもかかわらず、重心児の定義に当てはまらないので適切な支援が受けられない、ということになっていました。

つまりは、重心児とは違う新たな障害カテゴリをつくらなければならなかったのに、障害児童福祉行政は、それを10年近く怠ってきたのです。

今年、この障害者総合支援法という法律が改正になったのですが、そのきっかけになったのは、僕たちが杉並区で運営する「障害児保育園ヘレン」でした。

僕たちは、ひとりのお母さんからのメールで初めて、障害を持つ子どもの受け入れ先が極端に不足している障害児保育問題に気がつき、これを解決するため2014年9月に東京都杉並区にヘレンを開園しました。

ヘレンを視察で訪れてくださった議員の方々の働きかけがきっかけで、超党派の国会議員、厚生労働省、文部科学省の方たちが一同に顔を揃えて議論することができ、今回の改正障害者総合支援法につながったのです。既存の法律を改正し、制度と制度の狭間に落ちてしまっている子どもたちを、しっかりと制度の中に包摂すべく、何度も議論が重ねられました。その結果、ついに改正障害者総合支援法の中に、医療的ケア児の支援体制の整備が盛り込まれたのです。

これまで法律の中に存在していなかったことで、子どもとその家族には、なかなか支援の手が届かなかったのですが、ようやく法的にも認められ、自治体は医療的ケア児の支援の努力義務を負うことになりました。

このことは、過酷な状況に置かれていた医療的ケア児とその家族の状況が、好転していく端緒となるという意味で、歴史的な一歩になったと思います。

出口　やはり声を上げていくことが、本当に大事ですね。

本気で未来に投資できるか

駒崎　日本の制度は、少子化を克服した諸外国に比べて、明らかに非合理な点や「いまの時代にこれはないよ」ということが温存されています。

出口さんもおっしゃいましたが、小学校に入れず待機している小学生がひとりもいないように、保育園だってやると決めればすぐにできるはずなんですよ。単なる優先順位の問題で、本気でやる気がないということです。

やる気のなさは、公的支出にも表れています。例えばＧＤＰに占める家族関係支出は日本では１％あまりですが、フランスは３％弱。イギリスになると４％弱に達しています（図2－3参照）。国が投入している資源が、まったく違うんです。資源というのはお金です。

他国と比べると、日本はいまだに竹やりでＢ29を落とそうとしている状態と言える。でも、資源がないはずはないんです。「やりましょう」と決断すれば、待機児童の問題などすぐに解決するでしょう。

いまは資源がないため保育園を増やすだけのお金がないし、保育士さんに払えるお金もない。そうすると、保育園をつくるスピードが遅れるから、なかなか進まない。繰り返し

図 2-3　各国の家族関係社会支出の対 GDP 比の比較（2011 年）

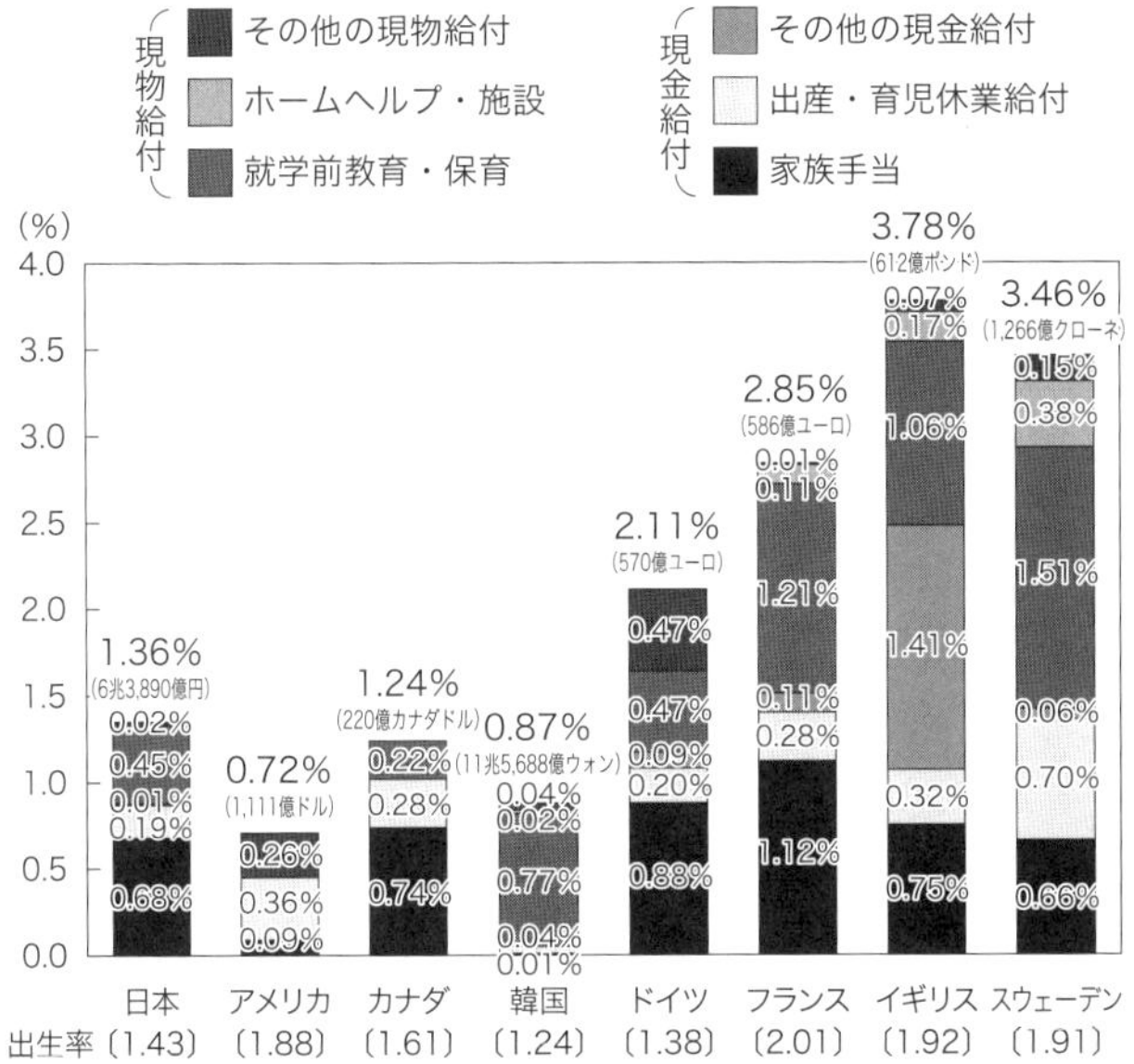

出所：OECD Social Expenditure Database　2015 年 2 月取得データより作成
出生率については、2012 年（ただし、日本は 2013 年。カナダ及び韓国は 2011 年）の数値（日本は「人口動態統計」、諸外国は各国政府統計機関による）

ますが、結局、お金の問題に行き着くんですよ。

出口　確かにそうですね。

駒崎　早く、きちんと未来への投資をしましょうね、という話です。「財源がない」などの話もありますが、本当でしょうか。いままで所得税を減税し続けてきたでしょう？

出口　単純計算すると、育児先進国並みに子育ての予算を増やそうと思えば、必要なのは、消費税を2～3%上げることですよね。資金使途を子育て支援のためだと明確に訴えれば、国民の賛同は得られるのではないでしょうか。

駒崎　そうです。消費税を1％上げると、約2・7兆円の財源が生まれます。消費税は景気への悪影響が大きく、ケースバイケースですが、例えばたったそれだけでも、待機児童問題は解消できる。はっきり言って待機児童問題は、年金や医療費みたいに大きなお金がかかりません。年金は50兆円だし、医療費は毎年1兆円ずつ自然増となっているほど膨大な額なんですよ。

例えば、年金にはマクロ経済スライドという仕組みが組み込まれています。高齢者が増えたら、その分ひとり当たりの年金額を下げましょうという制度ですが、やろうと言っているにもかかわらず、満足にできていません。それを穴埋めするために、また税金を一部投入しています。そこに消えていくお金に比べたら、保育園に必要なお金など微々たるもの。1兆円もあれば、ものすごいことができますからね。

出口　駒崎さんが一所懸命取り組んでおられる病児保育の問題も、小学校ならちゃんと保健室がある。やろうと思えば、すぐにでもできますよね。

駒崎　本気かどうかの違いだけなんです。病児保育だけなら、実際には500億円や100億円くらいでも、かなりのことが変わるレベル。本当に、本気度がないんです。

出口　僕は、繰り返しますが子どもを産みやすい社会をつくるためなら、消費税を上げるなどして財源を捻出するのは、大賛成です。「子どもを増やしたいから、これだけ税金を上げます」と、根拠を示してきちんと話せば、賛成を得られると思うんですよ。国民だってバカではありません。いまはまだ政府が本気ではないし、お金（予算）をかけていないため、あまりにも問題が多すぎると思うのです。

人口ピラミッドは逆転している

駒崎　あまり知られていないことですが、いまの60代と30代の人口を比較すると、60代のほうが若干多いくらいなんですよ（図２－４参照）。意外でしょう？　僕も30代ですが、マイノリティな気がしていたのにそうではなかったんですね（笑）。

でも、20代はガクンと人口が減って、10代になるとメチャクチャ落ちていきます。「ようこそ、シルバー民主主義社会」となっていくのです。

30代は人口が多いとはいえ、選挙での投票率を比べたら60代の６割程度です（図２－５参照）。数ではあまり変わらないのですが、選挙での意見は半減するので、政治家の立場からするとまったくおいしくない。60代や70代の人には１回話せば２票は入るのに、30代は１票しか入りません。

図 2-4　わが国の人口ピラミッド（2014 年 10 月 1 日現在）

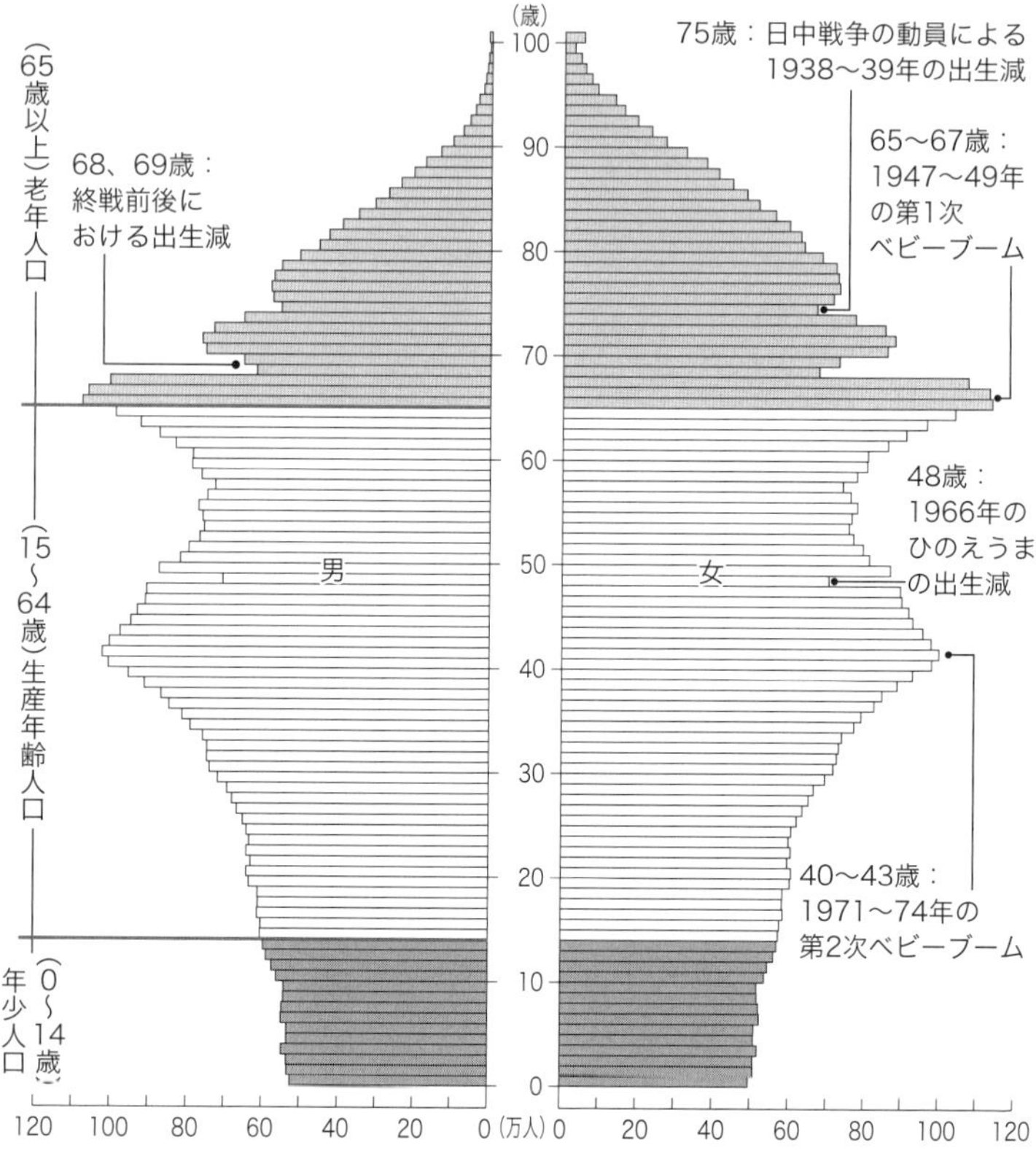

出所：総務省統計局

図2-5　衆議院議員総選挙における年代別投票率（抽出）の推移

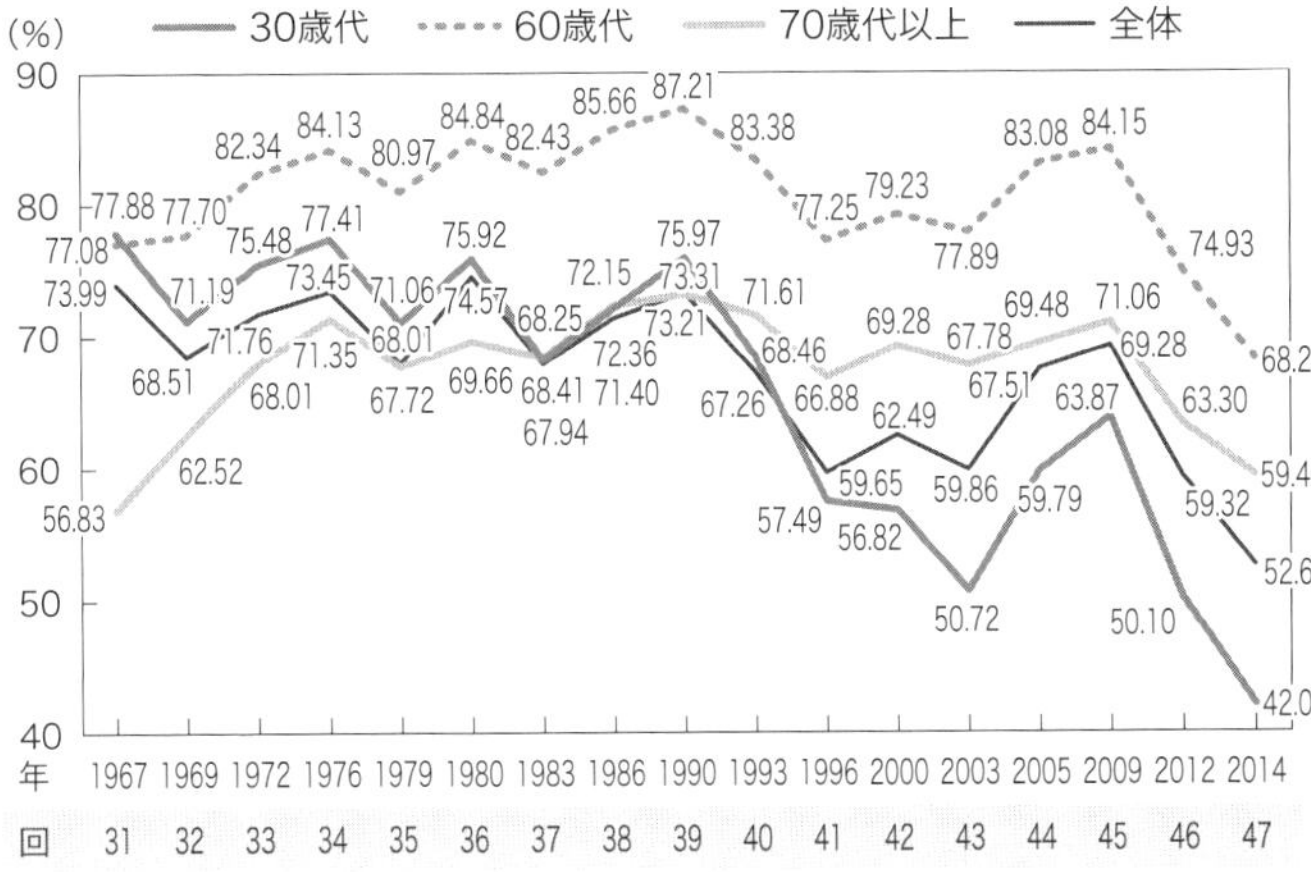

出所：総務省

　政治家がどちらを向くかは明らかですね。人数が変わらないいまですら、意見の反映で負けているのだから、今後はどう考えても、若い人に勝ち目はありません。

出口　いまのうちに、投票率を80〜90%ぐらいまで上げておきましょう。

　北欧の人に聞いた話ですが、北欧では選挙を中学・高校で次のように教えるそうです。

「選挙はメディアが事前予想を立てる。予想通りでよければ、みなさんには3つの方法がある。①投票に行って予想と同じ名前を書く。②白票を出す。③棄権する。この3つの方法は、どれも同じ結果を導く。みなさんが事前予想に反対なら、方法はひとつしかない。投票に行って、違う名前を書くことだ。以上」。

これなら、中学生や高校生でもよくわかる。だから先進国では、投票率が高いのです。これはリテラシーの問題だと思います。

駒崎　わかりやすい話ですね。たしかに、いまのうちにある程度投票率を上げていかなければ、本当にシルバー民主主義になったとき、若者の意見を尊重する政治家は、投票で一切勝てなくなります。そのとき、どうすればいいのでしょうか。

民主主義というのは、人口ピラミッドが三角形のとき、つまり世代が下に行くほど人数が多いときに機能する仕組みです。それが、逆三角形になったら機能するのか、誰も試した経験がありません。

三角形で若年層がマジョリティのときは、未来に向けて「中長期合理的」な意思決定が働くようになります。若者は自分が年をとったときのことを考え、30～40年のスパンで物事を考えて投票行動しないと、将来自分が損をしてしまうからです。しかし、60代や70代の人はあと10年くらい生きればいい。つまり、「短期合理的」な意思決定が強く働きます。

三角形が逆転した場合、短期合理的な判断をしやすい層がマジョリティとなり、短期的な施策が優先され、中長期的に合理的な施策をとらなくなります。つまり、次世代への投資が過少になっていくわけです。さらに進めば、未来への投資をしなくなる。そうなったとき、この国の未来はどうなるんだろう。

これから僕らは、「日本における民主主義は普遍なのか」というテーマに、チャレンジすることになります。これまでの民主主義のカタチは、前提が変わったときに機能しなくなるのではないかという疑念に、つきあわざるを得なくなります。

これは、西側における近代社会で、人類が得てきたものへのチャレンジだと思いませんか？　二百数十年たって、初めてのチャレンジがわが国で行われようとしている。歴史がお好きな出口さんは、どう思われますか。

出口　人口ピラミッドの話も、民主主義の話も、全部少子化にからんでいます。これは、社会を変えるという壮大なテーマですね。課題先進国である日本は、この問題に正面から向き合わなければならないと思います。社会を根底から変えなければ、少子化問題は解決できないのではないでしょうか。

ひとり1票の問題をどう考えるか

出口　駒崎さんのいまのお話に加えて、もっとひどいのはひとり1票（1票の格差）の問題です。人口の少ない（≒高齢者の多い）地方を1票とすると、東京は0・3票分の重みしかないのが、現状です。

つまり、人口の多さに対して、議席数が少ないのです。逆に地方は人口が少ないのに相対的に議席数が多くなるので、同じ1票でも、その重みに格差が生じてくるのです。これが、最高裁が何度も「違憲状態」判決を出している理由です。

それに加えて30代と60代の人口はあまり変わらなくても、若い人の投票率は高齢者の半分程度なので、政治家にとっては2対1です。でも、1票の格差がこんなにあったら、若い人の意見は、本当は6分の1くらいしか反映されていないということでしょう?

駒崎　そうなんです。

出口　これほどバイアスがかかるのだから、最低でもひとり1票の問題は、早期に是正しなければなりません。そうしなければ、これからシルバー民主主義の時代に入れば、市民の意見をできるだけ愚直に反映するという民主主義の歪みは、さらにひどくなります。

駒崎　民主主義って僕らは普遍的な価値観だと思っていたけれど、じつはある前提においてのみ有効なものかもしれない。もしかして、これからの僕らの社会では有効ではないかもしれない、という疑念がもたらされますよね。

出口　100年前に大英帝国のチャーチルが、民主主義についてはこんなことを言っています。

「政治家になりたい人間は、自分を含めてろくでなしばかりだ。目立ちたい人間や、金儲けをしたい人間や、モテたい人間など。選挙というのは、そうしたろくでなしの中から税金を少しでも上手に分配するために相対的にマシな人間を選ぶ忍耐のことで、それを選挙と呼んでいるのだ。民主主義は最低の仕組みだ。ただし、過去の皇帝制・王制や貴族制をのぞいては」と。

要するにチャーチルは「人間は愚かな生きものなので、民主主義以上の政治形態を考え出す能力が、まだないのだ」と言っているのです。僕もそう思います。民主主義は絶対ではないし、必ずしも最上のものであるとも思っていません。

でも、チャーチルの言葉を知っていると、「ロクな候補者がいないから、ばかばかしくて投票には行けない」といった意見が、いかに愚かなものかがよくわかります。そうした意見は「候補者は立派な人に違いない」という、およそあり得ない前提をベースに考えているわけですから。

駒崎　民主主義は、消極的選択ではベストだ、ということですよね。僕も同意見です。歴史上の政治よりマシだということで選んでいる。

でもそれは、人口ピラミッドが三角形で、中長期的な投資の合理性を理解している層がマジョリティだったときの話ですよね。短期合理的な決断をしがちな高齢社会においては、どこかに中長期的な投資を優先させる「非民主的メカニズム」を組み込まないといけないのではないでしょうか。要するに、民主主義をアップデートしないと、と思うんですよ。

出口　それには、ふたつの考え方があります。

ひとつは、世界で最も高齢化が進んでいるということを理由に、若い世代には2票を、高齢者には1票を与えるような選挙制度にする。でも、僕はすべてを年齢フリー原則で考えているので、あまり賛成はできません。ひとり1票でいいと思うし、高齢者も「自分と孫とどちらがかわいいですか、大事ですか?」と正面から問われれば、まともな判断ができると信じているからです。

もうひとつは、誰かが思い切って革命を起こす。フランスは、第一共和制から現在の第五共和制まで、同じ共和国でもしょっちゅう変わっています。どこかで何かが起きて血が流れる場合もありますが、また切り替わって次の共和制になっていく。

駒崎　うーむ、僕はできる限り血は流したくないので、現状をモデレートに変革していきたいですね。

出口　血の流れない名誉革命も歴史上にはありましたね(笑)。

駒崎　ええ。名誉革命的な方法でいくのであれば、ドメイン投票制(親権者に子どもの数だけ投票権を与えること)などで、子どもたちの人数も票にして、子どもがふたりいる家庭は2

票分、親が投票できる仕組みにする形も考えられます。

とにかく、短期合理的なバイアスがかかってしまうものを「子どもたちのために」と考えることで、長期合理性を追求していく。多少選挙のシステムを変える必要があると思います。

出口　地方の高齢者が、実質的には都市の若者の6倍くらいの票を持っている。その1票の格差を逆転させていくわけですね。

駒崎　ええ、そうです。

出口　僕は若者の政治参加を促すには、エストニアのようにインターネット投票を実現するほうが、より実効的な気がします。投票の機会コストを下げるのです。ひとり1票とインターネット投票の組み合わせでも、まだダメでしょうか？　僕はこのふたつを実現するだけでも、社会は様変わりすると思うのですが。

駒崎　それはいい考えのように思います。いまは選挙区が「エリア別」ですが、「世代別」にするという方法も考えられますよね。

出口　それは、考え方としては可能かもしれませんね。

駒崎　青年国会、中年国会、高齢国会と年齢別にそれぞれ割り当て、フェアになるようにするとか。日本版三部会みたいなことを考えてみる。

出口　まるでフランス革命時の三部会のようですね。

駒崎　そうした社会試行実験を、そろそろ本気で考えるときです。選挙システムの改革は、20年30年スパンでしかできないので、構想しておかなくてはいけません。考えてみれば、30年後はかなりマズイ状況になるので、いまから日本版三部会やドメイン投票を、実験的にでも考えていくべきだと思います。

フェアな社会をつくる

出口　選挙の問題で僕が気になるのは、日本の世襲議員の多さです。

誰かが言っていましたが、世襲議員のウエイトが10％を超えている国は、世界に2ヶ国しかない。1位は日本が30～40％でダントツです。次はフィリピン。こちらはマルコス一家やアキノ一家などが有名ですね。アメリカはクリントン一家やブッシュ一家が有名ですが、議員全体レベルで見れば、数％しかいないそうです。

ロンドンに住んでいたとき、友人に何人かMP（Member of Parliament、国会議員）がいたので、聞いてみたことがあるんです。

「子どもが国会議員になりたいと言ったらどうしますか？」

「本人の自由だよ。でも、もしそう言ったら、スコットランドかウェールズに行って立候補しておいでと言うだろう」と、ある議員は答えました。
「ロンドンの自分の選挙区では、みんなが自分の名前を知っている。同じ名前の子どもが立候補したら、アンフェアだ。政治家になりたいのなら、誰も自分の名前を知らないスコットランドかウェールズの選挙区から立候補して、自分の力だけで議員になってみなさいと言うだろう。反対はしないよ」

これがおそらく世界の選良の常識でしょう。自分の選挙区から自分の子どもを出すようなアンフェアなことを考える選良は、普通はいないのです。しかし日本では、こうした世界でごく当たり前の考え方がむしろほとんど見られないというのが、驚きです。

駒崎　ないですねえ。日本の選挙は、地盤を引き継ぐもの。政治家は大名みたいなものですよね。いまも貴族制が続いているのではないかと思うくらい、血縁によって支配階層が占められている。この現状を、のちの歴史家はどう判断するのでしょう。

出口　でも、市民の多くがこういう事実を知っていれば、世襲議員には投票しなくなると思います。世界的に見てもおかしな現状だということを、知らなさすぎるんですよ。そういう世界の常識をきちんと報道しないマスメディアのあり方にも、大きな問題があります。

駒崎　たしかにみんな、知らないですね。世襲議員の割合の高さも、当たり前だと思っている。

出口　社会は何よりもまず、フェアであるべきです。競争は自由だけれど、競争の自由というのはフェアな土俵があって初めて成り立つわけで、はじめからハンディがあったらそもそも競争ではありません。「スコットランドに行って自力で戦っておいで」というのは、とても真っ当な話ですよね。

僕は、同一選挙区では血縁者の立候補を法律で禁止してもいいくらいに思っています。政治家は家業ではない。新規参入がない社会は、必ずよどんでいくというのが、歴史の教えるところです。

駒崎　大事な感覚ですね。日本はすでに男女間でのフェアネスが欠落しています。それをなんとかわれわれの世代で是正したいんですよ。

出口　僕は、クオータ制（割り当て制）は、とてもフェアな仕組みだと思っています。駒崎さんがおっしゃったように、日本は女性の地位がものすごく低く、世界的に見ても遅れている。これを是正しようとすると、多少の無理をしなければフェアにはなりません。

そこでクオータ制を入れる。例えばフランスで法定したように、国政選挙については男女の候補者の数を同数にしないと政党交付金を減額する、というようにすればいいのです。どの政党もお金には弱いので、すぐに女性の候補者を立てるでしょう。

中には「女性は意識が低い」と言うおじさんがいたりしますが、民主主義本来の理念は、意識が高いか低いかは関係ないんです。そもそもそれ以前に「意識の高い低い」は個人的な問題であって、性差ではくくれない話です。

民主主義というのは、普通の市民がプロの官僚の意見などを聞きながら、常識で判断すればいいという仕組みです。市民の感覚を持ち、市民の意見を汲《く》める人であれば、それで十分だと思うんですよ。極論すれば、政党が用意した名簿の中から抽選で選んでもいいくらいだと思っています。

日本の政治にクオータ制を

駒崎　そういう意味でも、クオータ制は断固やるべきだと思いますね。

出口　いままで女性に、制度的なハンディを何十年も背負わせてきたのだから、元に戻すためには逆のハンディをつけなければいけない。

駒崎　その通りです。女性がかわいそうだからやるのではなく、そっちのほうが合理的だからやるべきです。

政府の審議会などでは、女性がいない場で「女性活躍」の議論をするなど、シュールな光景がたびたび見られます。びっくりしますよ。

僕は、「子ども・子育て会議」という保育政策や子ども支援政策の有識者会議に参加しています。しかし、30人ほどの委員の中で、現役で子育てをしているのは僕を含めて3人だけなんです。すごくないですか？

この会議は、多くの方が業界団体の長なので、平均年齢60歳を超えています。それは仕方がないにしても、オブザーバーなどの形で現役子育て層の声を反映させる仕組みをつくるべきではないのか。僕はたまたま業界団体の長なのでメンバーになっていますが、当事者不在のまま、話が進むことが多々あるんです。

女性活躍の審議会も同じです。審議会というのはわかりづらいかもしれませんが、政策決定プロセスの中では、政治家だけで決められないことが出てきます。国会で政策を通過させるのは政治家ですが、官僚が政策を練り上げていく中でオーソライズする機会があるんですね。官僚が勝手につくったものは出せません。なぜなら、官僚は国民を代表しているわけではないし、詳しいところまで知らないからです。

そこで「どうですか？」と、有識者会議にかける。これを、審議会と言います。審議会である程度政策がもまれ、法案の形になり、政治家が意思決定する。これが政策の流れです。政策をつくる上で、とても重要な部分です。

でも女性活躍の審議会に、男性しかいなかったらどうでしょうか。女性の視点は何も反映されません。子育ての審議会が、子育てしたことのないおじさんばかりでは、子どもやお母さんの視点がどこにも反映されません。でもそんなふうにして、日本の政策はつくられてきたのです。

だから、早く割り当てることをしなければ。女性、若者、子どものいる人……。よりよい政策をつくるために合理的だから、もっと厳格なクオータ制を取り入れるべきです。

現場を知る人を政治家に

出口　女性の政治家はもっと増えるべきだし、日本でも早く女性の首相が生まれてほしいですね。

駒崎　おっしゃる通りです。韓国と台湾では女性のトップが生まれているのに、日本はまだなんですから。

出口　一般にイスラム圏では男女差別がひどいと言われたりしていますが、イスラム人口の多い国を挙げると、インドネシア、パキスタン、インド、バングラデシュの順になります。この4ヶ国の共通点は何かと言うと、女性の大統領や首相が生まれているということです。日本はイスラム圏にも遠く及ばないということですね。

駒崎　皮肉な話ですね。

出口　しばらく前のことですが、東京の地下鉄で、若いお母さんがベビーカーでエスカレーターに乗ろうとして、駅員に止められたところに出くわしました。「危ないですから、あちらのエレベーターに乗ってください」と駅員が注意している。「急いでいるから遠回りできないんです」とお母さんが答えると、駅員は「すみませんが規則なのでダメです」と立ちはだかるのです。

僕は見ていて腹が立って、その横にある階段をお母さんが上がろうとしたので、「ベビーカーは僕が持ちましょう」と言ってお手伝いしました。

ベビーカーでエスカレーターに乗るのが、本当に危険かどうかは、わかりません。しかし、本当に危ないのなら、もっとエレベーターをつくればいいでしょう。

そのとき僕は、ツイッターで女性のみなさんにこんな提言をしました。

「東京の選挙の候補者に、ベビーカーに10kgの石を乗せて公共交通機関を利用して1時間、都内を移動してもらったらどうでしょう。そして感想をネットにアップしてもらう。それをやらない人には、私たち女性は1票も入れません、という運動をやったらどうですか?」と。けっこう本気でそう思いました。

議員のみなさんは車での移動が多いので、バリアフリーが必要かどうかが本当にはわかっていないんですよ。人は、自分がわからないことについては想像力が働かない。だから、政策に落とし込めません。一度でいいから10kgの石を乗せたベビーカーを持って、公共交通機関で移動すれば、いかに不便かがわかるでしょう。

クオータ制というのは、そうした事情をわかっている人を入れるということ。ベビーカーで移動するのは、残念ながらいまの日本では、おそらく大半が女性でしょう。頭だけで政策をつくっていては、絶対に社会はよくなりません。

この歪んだ構造を正すためにも、日本は早くクオータ制を取り入れるべきです。逆差別と言われても、それは仕方がないですよ。逆差別をしないと、これまで積み重ねてきた歪みは戻らないのですから。

これからは草の根ロビイング

駒崎　これからの超高齢化社会では、民主主義が機能しづらくなってくるので、非民主的な要素を政治に組み込む必要があると僕は思っています

そのひとつが、直接的に政治や政策に関わる「ロビイング」です。草の根の人たち、個

人や団体が「困っているからなんとかしてよ」と、政治家や官僚に声を届ける方法です。

ロビイングという言葉の始まりは、19世紀のアメリカ。ホテルのロビーで喫煙するのを習慣にしていた当時のグラント大統領に、さまざまな人が陳情を行ったことに由来しています。日本でも、医師会や農協、さまざまな業界団体が政治への影響力を持ってきましたが、これもロビイングと言えます。

従来型のロビイングに対して、僕らがやっているのは草の根ロビイング。ある特定の人や団体の利益を代弁するものではなく、「世の中を少しでもよくしたい」という立場での提案をする。僕はこれを、とても重要なツールだと思っています。

いま、出口さんがおっしゃったベビーカーの問題も、その声をどうやって地下鉄に届けるか。東京都という行政に届けて条例化してもらうか。せっかく動くのであれば、ロビイングの方法を知って動いたほうがいい。なぜなら、それで世の中が変わっていくことを、歴史が証明しているからです。

代表的な例を紹介すると、１９６０年代くらいまで、車椅子の人は公共のバスには乗れませんでした。いまでは考えづらいのですが、バスがそういう仕様になっていなかった。「他の人の迷惑になるから乗らないでください」と言われていたんですね。

１９７０年に「全国青い芝の会」という脳性麻痺者のグループが「迷惑と言われるけれ

ど、僕たちも同じ市民ですよね」と、意見しに行った。するとやはり「迷惑なので、他のみなさんのことを考えてください」と言われたそうです。

「そうか、マイノリティは迷惑なのか。でも、どうもおかしいぞ。マイノリティにも人権があるはず。それならこちらにも考えがある」と、彼らはメディアをあらかじめ呼んで、介助者とともに集団でバスに乗り込み、バスをストップさせたのです。

これは、川崎バスジャック事件と言われていますが、この一件でメディアは大注目。新聞記事になって議論が沸騰しました。いままで言うところの炎上です。すると市民からも「なぜ車椅子の人がバスに乗れないの？　おかしいよね」という意見が出て、変化が起こりました。これをきっかけにノンステップバスがつくられるようになり、駅などにもエレベーターが設置されるようになっていったのです。

いまは当たり前になっていますが、ついこの間まで車椅子の人は、電車にもバスにも乗れない時代があったんです。

出口　つまりそれは、車椅子の人は町に出てくるなということで、とても不自然ですよね。

駒崎　他の人には見せるな、ということだったのでしょう。でも、当事者の方たちが声を上げて変えていった。まさにこれが、草の根ロビイングです。その歴史から、若年層や子育て層は学び、声を上げなくてはいけません。

だって、おかしいでしょう。われわれのベビーカーがいけないのではなく、ベビーカーで楽に通れない地下鉄のほうがおかしい。そう思ったら、変えていかなきゃいけないんですよ。政治家や官僚とコンタクトをとる、さまざまなメディアを活用するなどして、声を上げていかなくてはなりません。

出口　いまの時代はインターネットのおかげで、一般の人も声を上げるのが楽になりましたね。

駒崎　そうです、拡声器を手に入れたんだ、僕たちは。

出口　僕は、インターネットは貧者の武器だと思っています。室町時代の二条河原の落書などは一種の意見広告だと思うのですが、墨や筆はもちろん、丈夫で高価な紙を買い、見つかれば斬られるかもしれないという大きなリスクを背負いながら、夜中にこっそり貼り紙をしに行ったわけです。

それを思えば、いまはお金もかからず、紙も筆も買わなくていいし、殺されるリスクもない。失うものは何もないので、みんながガンガン声を上げていくことが大事でしょう。

自分の意見をきちんと言わなければ、相手には何も伝わりません。「社会はなかなか変わらない。ダメでもともとだ」と思えば、やって損はないし、それでちょっとでも世の中が動いたら楽しいじゃないですか。

駒崎　歴史好きな出口さんは当然ご存じだと思いますが、大正時代に米騒動を起こしたのも、ひとりのおばちゃんですからね。「なんとかしてよ！」と言ったのが全国に広がって、時の内閣を倒しています。

出口　フランス革命もそうですよ。「パンが買えないから、政府のあるベルサイユに直訴に行こう」と言って、おばさんたちが行ったところから始まっている。だから、普通の市民がどんどん声を上げていけばいい。

いまの時代はインターネットで話題が増幅しやすくなっていますが、悪い話や根拠のない話もすぐに増幅されます。例えばヘイトスピーチのような、おかしな話も出てくるわけですね。でも少し長い目で見ていると、数字、ファクトのしっかりしたもの、根拠のしっかりしたものが、やっぱり残っていきます。良貨が悪貨を駆逐すると、僕は思っています。

考えてみれば、多くの人を短期間だますことはできるし（ナチスのように）、少数の人を長期間だますこともできる（カルト宗教のように）。でも、多くの人を長期間だますことはできない、というのが民主主義の拠《よ》り所になっているわけですから。

第3章

働き方を変えていこう

ゲームはすでに変わっている

出口　日本の労働時間について、僕はよくホワイトボードに図を書いて、みなさんに見せています（図3－1参照）。

日本の正社員は、年間2000時間働いています。そして、夏休みは1週間しか取れません。ユーロ圏の労働時間は、1300～1500時間です。こちらは1ヶ月以上のバカンスが取れます。

日本は、成長率がこの3年間の平均で0・5％ぐらいです。ユーロ圏は、1・5％ぐらいあります。駒崎さんは、どちらを選びますか？

駒崎　それはもう、バカンスのあるほうでしょう。

出口　絶対そうですよね。これは現在の日本とユーロ圏の労働を比較したものです。どちらがいいか、一目瞭然ですね。日本は労働時間が長いのに成長率が低い。労働時間が圧倒的に短いユーロ圏のほうが、じつは成長率が高いのです。

高度成長期の日本は、成長率が7～8％ありました。72のルール（72÷金利あるいは成長率＝元本が倍になる年数）に従うと、10年で経済規模（≒所得）が倍になる計算です。それくらい、

図3-1　日本とユーロ圏の働き方の違い

	年間労働時間	夏期休暇	経済成長率
日本	2,000時間	1週間	0.5%
ユーロ圏	1,300～1,500時間	1ヶ月	1.5%

グンと成長できるなら長時間労働も仕方がないと思えますが、冷戦、キャッチアップモデル、人口の増加といった前提条件がことごとく反転して、日本をめぐる外的環境が大きく変わったのに、まだ高度成長時代と同じ働き方をしています。

当然、こうした長時間労働のしわ寄せは、昔と同じようにすべて女性にいくわけです。

駒崎　つまり、ゲームのルールが変わっているのに、プレイスタイルを変えていないんですよね。

出口　おっしゃる通り！　ルール変更というより、野球がサッカーになるくらいの大きな変化ですよ。

駒崎　それなのに、選手はまだバットを持っているんです。バットを持っている人がい続ける中で「一刻も早くサッカーのルールを覚えて、サッカーしようぜ」と、どう伝えるか。

もっと言えば、バットを持っている人は放っておいて、「俺たち、ちょっと蹴ってくるから」と別のグラウンドに行くか。新しい場所でボールを蹴るうちに、サッカーのほうがメインストリームになっていくでしょう。そういう思想交代というか、パラダイムの変換をするときが来ています。多くの人が、年長者世代の納得によってパラダイムの変換をなそうとしていますが、僕は、それは無理だと思ってるんです。だからもう、勝手に変わる。

出口　絶対、そうすべきです。

僕はよく講演を頼まれますが、主催者の方に「成功体験を捨てる話をしてほしい」と言われたりします。でも、ほとんどの人はなかなか成功体験を捨てられません。

特に男性は、いつまでも初恋すら忘れることができません。初恋といっても、人生で初めて好きな人の手を握ったというくらいのものでしょう。しかも、たった一度とか。そんな体験すら忘れることができない男性に、仕事でものすごく苦労して成功した体験など、捨てられるはずがないと思いませんか。

駒崎　たしかに（笑）。

出口　だから、現在の社会を牛耳っている高齢の男性の意識を変えることにあまり注力しないで、若い人が勝手にいろいろなことをダイバーシティ（多様な人材の活用）の中でやっていけばいい。その中で、社会を変えていくしかないと思うのです。

駒崎　第1章で出口さんがおっしゃったような、ある時期に特殊な環境下において「過剰適応化」した日本のワークスタイルとライフスタイル（34ページ参照）。もう遅すぎるのですが、そこからのパラダイムシフトを、早く行わなければなりません。

ゲーム全体が変わったことを自覚しよう。おじさんを変えるのにエネルギーを使うよりも、自分たちが勝手に変わろう。そういうことですね。

出口　そうです、若者が自ら率先して変わることによって、社会を変えていくのです。どの時代にあっても、若者こそが僕たちの未来なんです。

駒崎　それに対して年長世代は、「俺の若かったころは」とか「昨今の若者は」と圧をかけてくるでしょう。そのとき、「つらいな」とへこむのではなく、「僕たち、勝手に変わるのでお先に！」と、ひょうひょうと進むべきです。

「俺の若かったころは終電以外で帰ったためしはなかったぞ」と言われても、空気を読まずに「お疲れさまです、お先です」と言って帰ればいい。

出口　ダーウィンの法則で言えば、新しい環境に適応できないものは滅んでいくしかないのです。

駒崎　過去のルールに過剰適応してしまったために、いまの変化に適応できない。適応のジレンマですね。

出口　冷戦構造とか、キャッチアップモデルとか、人口の増加とか、加工組み立て産業による貿易立国化とか、これまでの前提条件は、すでに逆方向に変わっています。それなのに、財界のリーダーや政治家はそのことが本当にわかっていない。わかっていても、成功体験が邪魔をして動けない。

政治家がなぜ変わらないかというと、みんなが選挙に行かないからです。わが国の国政選挙の投票率は、G7では最低レベル。投票率が10%上がるだけで、当選者の顔ぶれはガラッと変わるという、世界共通の経験則があるのに、もったいない話です。

駒崎　やっぱりそこに戻ってきますね。若い人がもっと政治に関わらなければ、社会はいつまでも変わらないということですね。

残業が好きなおじさんは成長の敵

出口　現在の日本の労働時間は、平均して年間1700時間ちょっとです。一見減少しているように見えるのは、パートの割合が増えているから。逆に、正規の従業員の労働時間は約2000時間で、この20年間ほとんど変わっていません。つまり、いまでもへとへとになって職場から帰宅するので、「風呂、めし、寝る」の生活は、変わっていないのです。

このような労働環境の中で、働く女性は家事をこなして、その上子育ての負担ものしかかってくる。介護も女性の肩にかかってきがちです。でも男性はなぜか「仕事があって帰れない」と当然のように言うものですから、結局女性にすべてしわ寄せがいってしまいます。これでは、女性が普通に働けるはずがない。スーパーレディでなければ、第一、体がもたない。女性が輝ける国など、夢のまた夢です。

労働基準法では週40時間制になっていて、その例外としてサブロク協定（注：労働基準法36条に基づく労使協定。会社が時間外労働を命じる場合、労働基準監督署に届け出が必要）があるのですが、ほとんど有名無実になっている。少なくとも、上司が具体的な残業命令を出さない限り、すべての職場で厳しく残業禁止を徹底させなきゃいけません。

駒崎　そうしないと、変わりませんよね。

出口　ほとんど残業がないヨーロッパのほうが、日本より高い成長を実現しています。バカンスを1ヶ月も取るヨーロッパでできることが、日本でできないはずがない。

「隗《かい》より始めよ」と言いますが、何事でも変革を進めるには、トップから意識を変えていくことが一番。僕は政府から率先垂範すべきだと思います。

例えば政治家は、役人とのミーティングは9～18時の間にしか行わないようにする。国会質疑の答弁書作りで、役人が政治家の都合に振り回されて、徹夜せざるを得ないことが常態化しているような現状は、どう考えてもおかしいのです。政治家が襟を正して、公務員の徹夜や超過勤務を撲滅する覚悟で臨むべきではないでしょうか。

民間について言えば、長時間労働には教育効果があり、いろいろなノウハウが身につくと言われたりしていますが、その一方で、日本の大企業のホワイトカラーほど使いものにならない人材はいない。彼らが身につけているのは結局のところ、社内の人間関係と根回しや駆け引きだけではないか、という批判もなされています。

駒崎　長時間労働でこなそうとするのは、短時間で達成できるイノベーションを阻害することにもなるんですよね。

出口　そうです。いま、労働時間を減らす取り組みは全世界的なスケールで積極的に行われています。

例えば、ドイツでは18時以降の残業を禁止する法改正に取り組んでいますし、フランスでは週35時間労働の徹底、オランダではワークシェアリングを導入するなど、主にヨーロッパで時短の動きが進んでいます。

日本でも、できないことはないはずですよ。出生率の問題と同じで、政府が本気を出すかどうかですね。

駒崎　「誰かが無理して頑張ればできる」というやり方ではなく、「頑張らなくてもここを変えていけば、みんなの時間を削減できる」というふうに変えていく。枷《かせ》をはめて、その中で逆算して優先順位は何かと決めていくことでしょう。

戦略とは、無駄を省いていくこと。「何をしないか」を決めないと、とめどない長時間労働となり、生産性が下がって日本の競争力まで下がっていくことになるんです。だから、モーレツ残業大好きおじさんは日本の経済成長の敵で、イノベーションを阻害する存在だと思ったほうがいいですよ。

出口　フローレンスでは、残業時間を減らすために、どんな取り組みをされているのですか？

駒崎　フローレンスは、1日の残業時間が平均15分です。それは「働き方革命」と称し、さまざまな改革を行ったから。

例えば、ひとつの仕事をふたり以上で担当する1タスク2ピープル制を始めました。これは、誰かが不在でも誰かが代わりにできることで、仕事の停滞を防ぐこともできます。また、会議ルールの策定として、議題の事前通知、仮説を持ってくる、定刻開始、その場で議事録をとるなどして効率化を図り、短時間で会議が行えるようにもしました。その他にも、在宅勤務制度を導入したり、管理職の定時退社などに取り組んできた成果が出たと言えます。

ただ、効率化を図るあまりコミュニケーション不足になってはいけないので、それを補うために、社員同士で褒め合う制度を作ったり、全員での朝30分の掃除、ビジョンの共有などは徹底してきました。

出口　素晴らしい取り組みですね。僕も気をつけようと思っているのですが、当社は22時までコンタクトセンターを開いているので、僕は夜の講演会や懇親会のあと帰社することが多いんです。コンタクトセンターのみんなに「ごくろうさん」と声をかけようと思って。

駒崎　経営者ですからね。

出口　コンタクトセンターの勤務時間は22時までなので、「ごくろうさん」でいいのですが、残業で残っている他部署の人間にも、つい「ごくろうさん」と言いそうになるんですよ。でも、それはやめています。

僕がそれを言うと、スタッフは「この職場は遅くまで残っていると、経営者が評価してくれる」と勘違いするでしょう。残業している人に「ごくろうさん」と言ってはいけないんです。「早く帰れ」と言うべきなのです。

日本人の習性としては、遅くまで残業をしたり、休日出勤してくる社員に対して「こいつは仕事が好きなんだな」とか「職場が好きなんだな」と、ついつい思ってしまう。そして、「大事に育てよう」とか「今度、酒でも飲みに連れていってやろうか」などとアホなことを考えるわけです。

ところがグローバルな企業では、経営者は残業している社員を見ると「次のリストラのときに、一番にクビにしよう」と考えるそうです。つまり、「9時から18時までの勤務時間中に仕事ができない要領の悪いヤツだ。その上、会社の貴重な残業代まで持っていくのだから、すぐにクビにしなければ……」となる。

このように、働き方に対する価値観を根底から変えていかないと、日本社会は変わらないと思いますね。

不真面目こそがイノベーションを起こす

出口　最近僕は、よく「4（16時）＋5（時間）＝9（21時）はアカン」と言っています。16時に、怖い上司から「至急の仕事だ」と言って5時間かかる仕事がおりてきた。真面目な人はいまから5時間、21時まで頑張ってなんとかして片づけようと考える。

でも、不真面目な人は19時にデートの約束をしている。あと3時間しかない。仕事よりデートのほうが大事だから、どうやって3時間で終わらせるかを必死に考えます。そこに、イノベーションの余地が生まれます。真面目より、不真面目のほうがイノベーションが起こせるのです。

これも世界共通です。ちょっとでもラクをしたい、早く仕事を終わらせたいという気持ちが、イノベーションを起こしてきたのです。

駒崎 デートもそうですが、男性が仕事を早く終わらせて家に帰れば、家事を手伝いますよね。時間があれば、絶対に家事の分担はできます。

出口 勉強だってできますよ。空いた夜の時間に勉強すれば賢くなって、さらにいい仕事ができるようになります。だらだらした長時間労働をやめなければ、日本の社会のレベルはこれから下がっていく一方だと思いますね。

駒崎 それを、経営者である出口さんがおっしゃるのが素晴らしいですね。多くの経営者は、長時間労働をさせたがっている。日本の経営者が元凶のひとつでもあると思うんです。

出口 長時間働いて、高度成長が再現できたり、アメリカのように次から次へとイノベーションが起きればいいですよ。でも、だらだらと長時間残業して、ユーロ圏を大きく下回る成長率しか実現できないのだとしたら、何のために遅くまで働いているのか、という話です。

昔と同じようにつきあい残業をしているから、わが国の時間当たりの労働生産性は、OECD平均の85%しかない。もちろん、G7の中では最下位で、G6平均の7割程度のレベルです（図3－2参照）。それならドイツのように、18時に全員帰らせたほうがいいんです。

駒崎 企業社会に無意味にロックオンされている男性というリソースを解放し、地域社会

図 3-2　OECD 加盟諸国の労働生産性（2014 年／ 34 ヶ国比較）

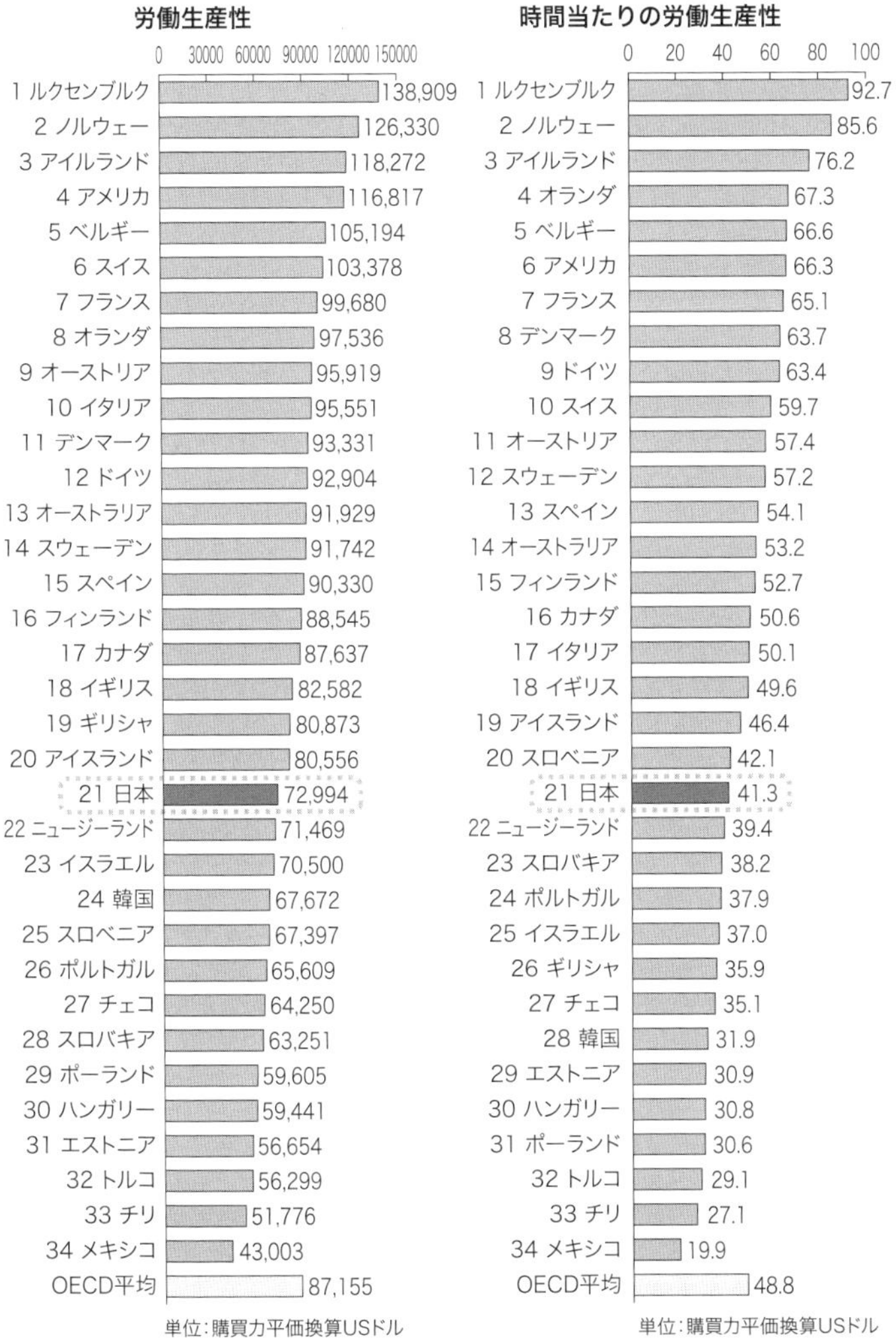

出所：公益財団法人 日本生産性本部「日本の生産性の動向 2015 年版」

に活かせるようになれば、地域も変わっていく気がします。

男性の中には問題解決が好きな人も多いから、ＰＴＡの問題や保育園で起きている問題も、「じゃあこうしよう」とアイデアが出て、どんどんよくなっていくんじゃないかな。あなたの働き方を変えることが、日本を変えることにつながる。そういうことですよね。

出口　まさにおっしゃる通りです。

サードプレイスで世界を広げる

駒崎　これからの知識労働社会は、生涯学び続けていかないと立ち行かないと言われます。

例えば、デューク大学の研究者であるキャシー・デビッドソンは「ニューヨークタイムズ」のインタビューで「２０１１年度にアメリカの小学校に入学した子どもたちの65％は、大学卒業時にいまは存在していない職業に就くだろう」と言っているんですよね。

考えてみれば、僕が小学生だったときには、社会起業家という仕事はなかったし、ドコモショップの店員も、ソーシャルゲームのプログラマーもいませんでした。周りの仕事の多くが新しく生まれてきたものです。今後20年もそうだろうと思うと、僕ら自身が、かなりドラスティックに変わっていく必要がある。

図3-3　大学進学率の国際比較

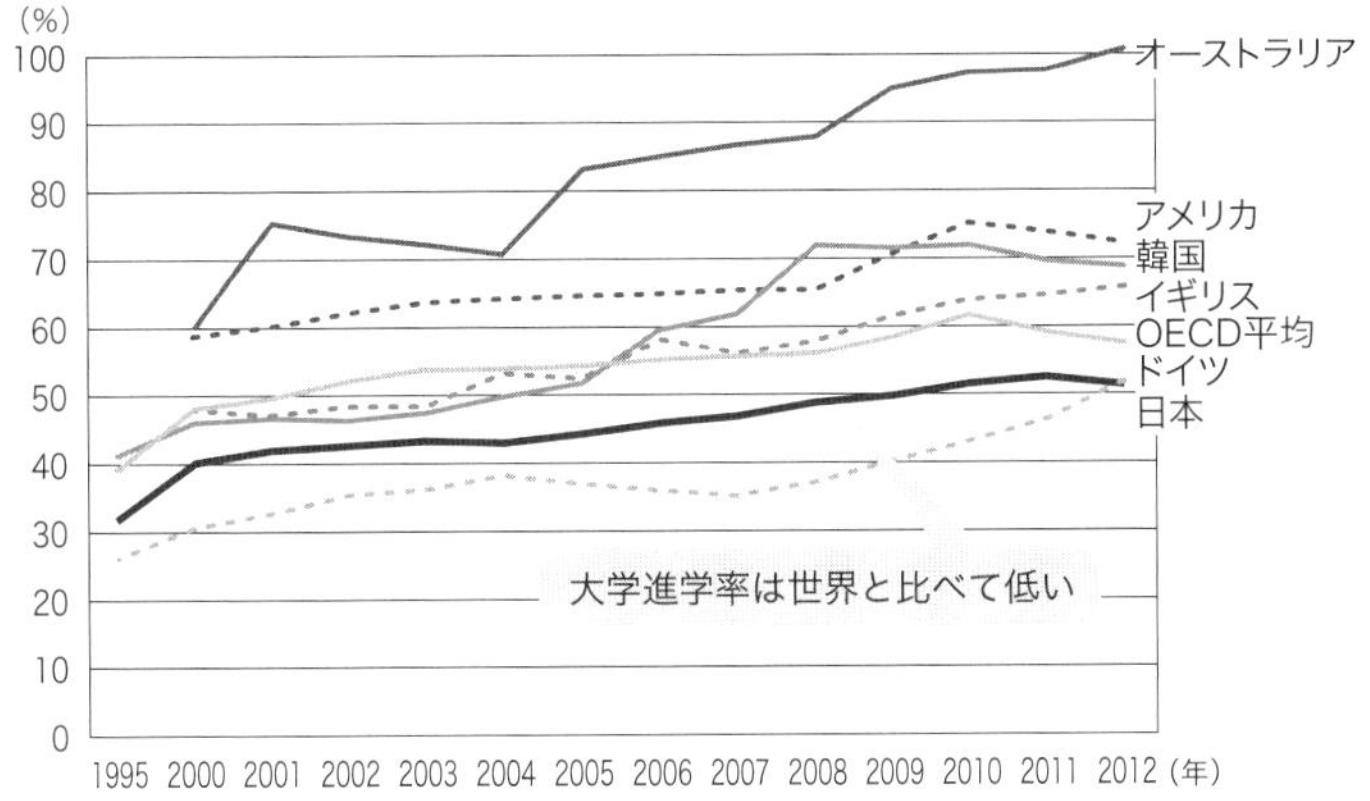

出所：OECD「Education at a Glance 2014」

社会が変わるのは仕方ないので、その変化に合わせて教育を再インストールしていかなくてはいけません。しかし、日本の教育は小学校から大学までで終了で、卒業したら勉強する仕組みがないんですよね。

出口　日本はまず、大学進学率そのものがOECD平均より6・7ポイントも低い（図3-3参照）。先進国の中では、大学に行かない国なのです。しかも、多様性がない。日本では25歳以上の大学生の割合はわずか1・7％ですが、OECD平均は20％あります（図3-4参照）。

これは、社会に出て「自分には学力が足りない」と思った人が大学に行き直すからです。大学は学ぶ場所、勉強するところです。

ところが日本では、有名大企業が採用に際

図 3-4　25 歳以上の大学入学者の割合

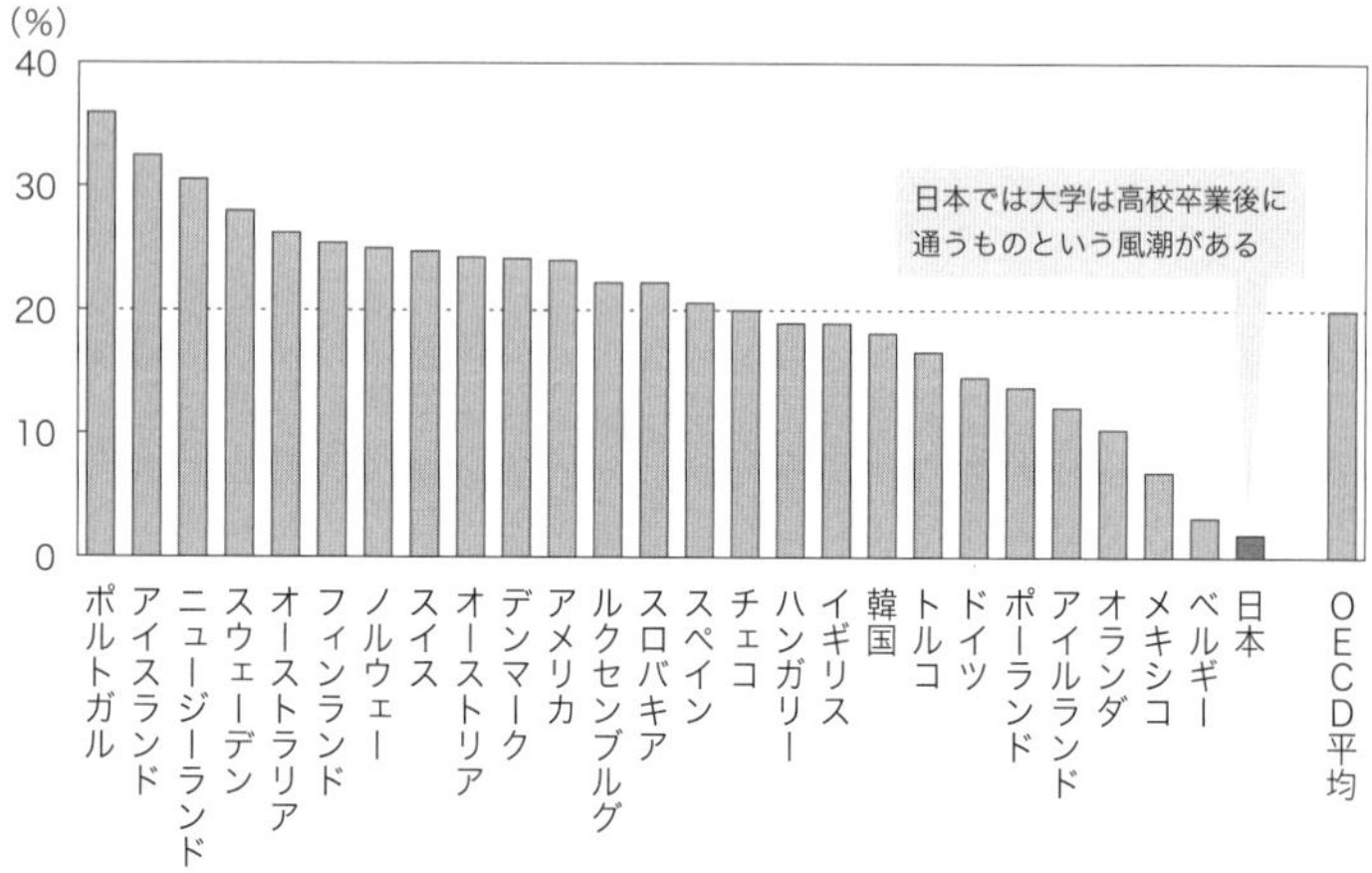

出所：OECD Stat Extracts (2010)。ただし日本については「学校基本調査」及び文部科学省調べによる社会人入学生数

して「一浪、一留までは許容する」とか言っているので、大学は勉強するところではなく、18歳から24歳くらいまでの若者の通過儀礼の場所になってしまっている。

駒崎　そうなんですよ。大学は生涯学び続けるためにあるべきなのに、「MARCH以上ならまあ使えるかな」とかいう大企業の採用目安でしかなくなっています。専門知識を身につけることなどどうでもよくて、セレクションとフィルタリングの場所になっている。大学の存在意義は、本当に変えていかなくてはいけないと思います。

出口　職場で残業ばかりしていたら、大学に行き直すこともできません。

この4月（2016年）から、当社の社員ふたりが大学院に通い始めました。大学を休みたくないので、残業しないよう、集中して仕事に取り組んでくれています。

繰り返しになりますが、極力残業はしないこと。経営者は18時になったら従業員全員を追い出す、というくらいの覚悟を持って、この旧態依然とした悪しき労働慣行を変えていくことが、何よりも大切です。

駒崎　例えば大学院に行って学ぶと、大学院のコミュニティの中に入りますよね。そこで切磋琢磨できるじゃないですか。

出口　職場以外にもうひとつ、自分の世界が生まれますね。

駒崎　そうすると、コミュニティが複線化できるんです。会社1本だと、そこでの地位が自己肯定感を左右するので汲々としてしまうし、上司には絶対に服従となる。

出口　自ずとゴマばかりするようになりますね。

駒崎　そうなんです。でも、大学院に行ったり、地元のパパ友と遊んだり、ボランティアをしていたら、こちらでもあちらでも、自己肯定感を得られるようになります。そうすると、会社の上司に嫌われようが「別にいいや」となっていくと思うんです。

出口　まったく同感です。18時に帰って自分の世界を複数持ったら、仕事がすべてではなくなる。ところが23時まで職場にいたら、仕事がすべてになってしまうから「ここで嫌われたら、もう人生は終わり」という誤った感覚が身についてしまうのです。

駒崎　長時間労働をやめれば生産性が高まり、むしろ成長率が上がると予測できます。そうなったら、おじさんたちはみんなサードプレイスを持つべきなんですよね。家庭と、職場と、あともうひとつ。

出口　むしろ、そちらがファーストプレイスになるべきです。だって1年は8760時間。仮に2000時間働くとしても、労働時間よりも、食べて寝て遊んで地域活動して子育てをしている時間のほうが、長いんですよ。仕事というのは、時間に直せばじつは人生の2～3割程度しかないのです。

ですから、僕はワークライフバランスという言葉自体がおかしいと思っています。ライフワークバランスと言うべきだと思っているんです。

駒崎　僕は保育園のパパ友の会をやっています。基本は飲み会なんですが、この集まりがすごくいいのは、お互いの勤務先や肩書きを知らないこと。なんとなくIT系だろうとか、メーカーだろうとか、その程度しか知りません。仕事の話をするより子どもの話がほとんどなので、肩書き抜きのつきあいができる関係は新鮮です。

出口　職場の肩書きとか、誰が偉いとか、そういうことは何の関係もない話ですよね。

駒崎　どうしてもオフィシャルな場での男性は、会社名や肩書きで「俺のほうが上場企業だからマザーズより偉い」などと、マウンティングし合う関係になりがちです。でも、サードプレイスで「子どもと遊ぼう」とか「キャンプ行こうぜ」とか話していると、それとはまったく別の価値観ができていくんですよ。

ママ友の世界はもう何十年も前からあって、女性のほうがずっと進んでいるんです。パパというのは、パパだけで仲よくなることが苦手なんですが。

出口　でも、夕方に職場を追い出されたら……ね。

駒崎　そう、行くところがないですからね（笑）。保育園に送り迎えに行くと顔を合わせるので、みんな同志みたいになってくる。話せばけっこう仲よくなれるものです。

出口　早く会社を出れば、早く家に帰ることができる。そうすると、自然と家事や育児、介護も手伝うようになる。地域でパパ友もできるようになる。

人間は、時間があれば何かやってみようと思う動物なのです。この特性を、利用しない手はありません。すなわち、残業の禁止が世界を変えるのです。

「働き方先進国」へ

駒崎　僕は、日本が「働き方先進国」になってほしいんですよ。

出口　よくわかります。

駒崎　日本はこれから、労働人口が減っていきますよね。2050年には、いまの3分の2になる。もう激減と言っていいくらいです。

出口　2030年には、現在と比べて労働力が800万人足りなくなるとも言われていますね。

駒崎　とにかく、人手不足社会になるのは目に見えている。実際、すでに被災地の福島などではそれが始まっています。例えば、バスの運転手は争奪戦です。

普通の会社でも、9時から18時とか言っていると人が雇えないので「2時間だけでもいい」とか「家にいてもいいからやってほしい」というふうに、変わっていかざるを得ません。そうなったとき、どれだけフレキシブルな働き方ができ、そこにテクノロジーをかませて戦力となっていけるか。そういう意味で、これからの人手不足社会は「働き方イノベーション」を起こせるチャンスでもあるんですね。

出口　人手が足りないのだから、労働時間を減らして生産性を上げていかないと、もちませんよ。僕は若い人には「これから先の時代は、何も怖くないよ。いくら上司に反抗しても大丈夫だよ」と言い続けています。だって800万人も人手が足りなくなるんだから、いずれ向こうから「なんでも言うことを聞くから働いてください」と言われるいい時代がやってくる。

駒崎　もう、その一歩手前まで来ています。

出口　ですよね。

駒崎　例えば、いま居酒屋業界で元気がいいのは、アルバイト学生の就職活動を経営者自ら手伝う、面倒見のよい「塚田農場」です。就職活動の考え方から企業選定、エントリーシート添削、模擬面接まで、非常に手厚くフォローしているそうです。

少し前なら、デフレで人手もあったので、労働力を酷使してひとり当たりの単価を下げ、どう利益を生んでいくかが居酒屋の課題でした。そこでブラック企業というレッテルを貼られ、地の底まで行かざるを得なくなった居酒屋もあります。

でもいまは、「希少価値」というのが労働力に移っています。いかに働く人をきちんと確保し、サービスを提供していくか。単価自体はそれほど安くなくてもいい。そういう方向にシフトしていく感じがありますね。

出口　人手が足りなくなる時代は、労働時間を減らして生産性を上げるしか対応のしようがないんですよ。若い人にとっては、健康でやる気があって職業さえ選ばなければ、将来の心配をしなくてもいい、いい時代がこれからはやってくると、いつも話しています。

人間がより大事にされる社会へ

駒崎　人手不足社会というのは、チャンスですよね。僕は、日本経済の観点から言えば、移民などをあまり入れず、人手不足社会がそれなりに続いたほうがいいのではないかと思っているんです。ブラック企業が消滅してワークスタイルが変わっていくと同時に、機械化という部分において、長足の進歩を遂げるのではないか、と。

外国から安い労働力が入ってくると、経営者は彼らに頼るわけです。でも、それが無理だと思えば、「もっと生産性を上げなきゃ」「ここはロボットにしよう」「ここはドローンでいこう」など、テクノロジーを取り入れざるを得なくなります。

出口　それはあるでしょうね。

駒崎　この前、サイバーダイン（医療・福祉用ロボットメーカー）の山海嘉之《さんかいよしゆき》社長から、体にはめるロボットみたいな介護機器の話を聞いて、びっくりしました。普通、介護をするときは40kgの人を持ち上げるのでも腰が痛くなりますが、それをはめれば100kgでも持ち上げられるというんです。

出口　それなら、70歳の人でも介護の仕事が普通にできるようになりますね。

駒崎　もうひとつ、介護施設に導入された機械でおもしろかったのは、リハビリ器具です。リハビリというのは療法士さんと1対1で「はい、足を上げてください」などとやりますよね。でも、その機械は筋電位（注：筋収縮のときに生じる活動電位）を読み取るので、上げたいと思ったとき勝手に上がるんです。

要するに、自動的にリハビリしてくれるから、一度に4人や5人を見ることができるようになる。生産性が、いきなり400％上がるわけです。

こうした技術は、リハビリを指導する療法士がいくらでも来てくれるときは「面倒くさいから人を雇おう」となりますが、人手のない山奥の村などでは効果的です。

出口　制約があるほうが、人間は知恵を使いますからね。

駒崎　生産性が上がるんです。

出口　集中して短時間働くようにすること。機械で置き換えられるものはできるだけ機械に置き換えて、生産性を上げること。両方だと思うんですよ。どちらも、少ない人間を大事に使うということですからね。

駒崎　人間が、より大事な社会になってくると思います。人間を機械に置き換える恐怖というような煽《あお》りがありますが、僕はそう思いません。むしろ人手不足社会は、日本においては僥倖《ぎょうこう》であると考えています。

定年制を廃止して同一労働同一賃金に

出口　働き方の基本に戻って考えてみると、男性も女性も関係なく、同一労働同一賃金の体系をつくっていくことが、これからの大きな方向だと考えています。同一労働同一賃金制にすれば、性差は一切関係がなくなります。もちろん年齢も関係がなくなる。そして、大きなシフトチェンジを行っていくきっかけとなるのは、定年制の廃止でしょう。

安倍首相が以前、新3本の矢で「介護離職ゼロ」ということを言われていました。日本は世界一の超高齢社会ですから、介護は大問題です。とにかく介護を減らさなければなりません。介護とは何かと定義すれば、「平均寿命―健康寿命＝介護」です。ここで健康寿命は、ひとりでトイレに行くことができるぐらいに定義しておきます。

介護期間を短くするには、平均寿命を引き下げるか、健康寿命を引き上げるかしかない。平均寿命を引き下げる政策は、大好きなおじいさんやおばあさんに「早く死んでください」と言うも同然なので、できるはずがありません。だから、健康寿命を延ばすしか対策はないのです。

友人の医師10人に「健康寿命を延ばすにはどうしたらいいか？」と尋ねたところ、異口同音に「適度の運動や食事なんてあまり関係がない。働くことが一番だ」と言われました。

駒崎　社会と関わり続けること、ですね。

出口　高齢になっても朝起きて行くところがあれば、ヒゲも剃るし、化粧もするし、身なりも整えます。行くところがなければ、そういうことをしなくなる。

僕は休日は講演などがなければ、面倒くさいのでヒゲも剃らず、パジャマの上にガウンを着て、本を読んでいます。でも、毎日そんな生活を送っていたら体にいいわけがありません。

そう考えると、定年制の廃止が一番いい政策となります。もちろん、仕事を辞めたい人は辞めてもいいんですよ。でも、定年制を廃止したら、おそらく経団連は直ちに年功序列の賃金体系をやめるでしょう。年功序列賃金体系のもとでは、やっていられなくなるでしょうから。

駒崎　80歳の人に、高い賃金を払わなければいけなくなりますからね。

出口　そうなんです。そう考えると、定年制を廃止すれば、ほぼ自動的に同一労働同一賃金制に移行していくと思うのです。そもそも、先進国で定年制があるのは日本ぐらいのもの。アングロサクソン諸国では、履歴書に年齢欄があるだけで「年齢による差別」ではないかと、問題になります。

ただ、高齢で認知症などになった人は、働くのが難しい。経営者はきちんと個人個人をよく見て、本当に仕事ができない人には「やめてください」と言わなければなりません。まあ、若年の認知症もありますから、これは何も高齢者に限った話ではありませんが。いまは定年制で自動的に高齢者が退職していくので、経営者が従業員一人ひとりをよく見ることをサボっている、とも言えます。

定年制を廃止すると健康寿命も延びるし、高齢になっても年金をもらう側から払う側に回るので、年金財政も安定します。決して悪い話ではありません。

ちなみにライフネット生命の就業規則は僕が書きましたが、「当社に定年制はありません」と明記しています。もちろん文字通り、60歳を超えた人でも意欲・体力・スペックがあれば、正社員として新規採用しています。

定年制がないということは、年齢フリー原則とほぼ同義です。ライフネット生命は従業員約140名の会社で、5本部制を採っていますが、一番若い本部長・執行役員は32歳です。もちろん、ほとんどの部下は年上です。それでも年齢フリー原則を採っているので、誰ひとり文句を言わない。

要は、本部長としての仕事がきちんとできるかどうかがすべてであって、年齢は一切関係がないということを、従業員一人ひとりが納得しているからだと思います。

駒崎　仕事の能力と年齢は、関係ないですからね。

出口　そうなんですよ。僕は定年制を廃止し、年功序列賃金制というガラパゴス的な労働慣行をやめることが、日本社会を変える一番の突破口になると思っています。

これは19世紀のとあるアメリカの生命保険会社の話ですが、社長が気力・体力の衰えを実感して、次期社長を指名、自分は辞表を出しました。ただし、辞める直前に最後の仕事として、自分をエレベーター係に任命した（昔はデパートのようにエレベーター係が必要だったのです）。もちろん、給与は大幅に下がります。

最初の1週間、従業員は誰もエレベーターを使いませんでした。そりゃ、前社長がエレベーターの前に立っているわけですから、気持ちはわかります。でも、その後、会社の雰囲気は格段によくなりました。前社長がいかに会社を愛しているか、自らの能力に応じていかに会社に貢献したいと考えているか、従業員みんながよくわかったというのです。

このエピソードこそが、これからのわが国の労働のあり方を象徴しているように、僕には思えるのです。これこそが、年齢フリー原則、同一労働同一賃金制の本当の姿ではないでしょうか。

ドイツに学ぶ社会保険の適用拡大

出口　残業禁止、定年制廃止と並んでもうひとつ、この社会を変える大きな突破口になると思っているのが、公的年金保険の適用拡大の問題です。もともと、いまの「国民皆保険、皆年金」は、１９６１年に完成した制度です。

国民年金（基礎年金）はわかりやすく言うと、八百屋のおじさんおばさんの年金です。つまり70～80歳になっても店番くらいはできるので、年金が少なくてもなんとかやっていけるのではないかと考えた。要するに、いくつになっても働き続けることのできる、個人事業主のための制度です。財源は税金を投入して、国が半分負担しています。

一方、厚生年金は被用者、つまり雇われている人の年金です。雇われている人は、職場をクビになったり仕事を辞めたりしたら他に食べていく方法が見つかりにくいと当時は考えられていたので、年金額が手厚いのです。

図３－５を見てほしいのですが、厚生年金は基礎年金に上乗せされる形になっており、その保険料（基礎年金部分を含む）は労使折半と言って、企業が半分を負担し、残りの半分が、みなさんの給与から天引きされています。

図 3-5　国民年金と厚生年金の概念図

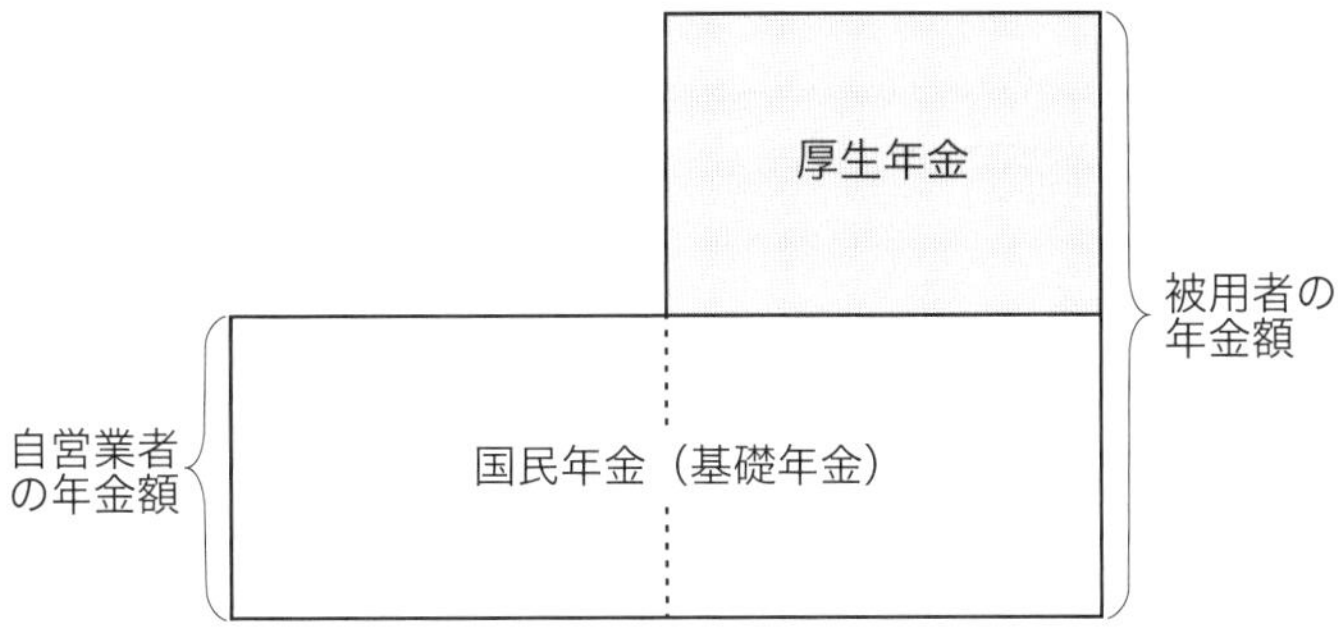

ビジネスパーソンのみなさんは、一度給与明細をよく見てみてください。所得税や住民税の他に、社会保険料として厚生年金保険料や健康保険料、雇用保険料などが、天引きされているのがわかるでしょう。

ところが、いまの日本はこの大原則を破ってしまっていて、原則として1週間に30時間以上働かないパートやアルバイトは、すべて国民年金の側に追いやっています。これは制度の理念からしても、間違っています。なぜなら正社員に比べてパートやアルバイトは、より保護しなければならない社会的弱者なのですから。

被用者、すなわち職場で雇われている人は、パートでもアルバイトでも、全員年金額が手厚い厚生年金に移行すべきでしょう。そうなれば、たとえ解雇されてもパートやアルバイトで働き続ければ、厚生年金から国民年金に鞍替えする必要がなくなります。

厚生労働省が一昨年試算したのですが、1ヶ月に5・8万円以上の給与をもらっている人をすべて厚生年金に移すと、1200万人が国民年金から厚生年金に移ることになるそうです。そうなれば、誰もが安心して働くことができます。

駒崎　そうです、そうです。

出口　この適用拡大を行えば、たくさんの人がたくさん保険料を納めることになるので、年金財政が安定することは、厚生労働省の試算でも明らかになっています。この改革は、すでにドイツでシュレーダー元首相が行ったものです。

例えば中小・零細企業は、パートやアルバイトを大量に雇って、自分の事業を成り立たせています。その人たちの社会保険料を企業が全員分支払うとなったら、「うちはつぶれてしまう」と社長たちは猛反発するでしょう。

つまり、パートやアルバイトを雇えば、雇用者は社会保険料を支払わないで済むので、その方向にインセンティブが働くのです。これは極論すれば、労働力の使い捨てと言っても過言ではない。

シュレーダーは、正規雇用者は社会保険料を5：5で企業と本人が分け合い、パートなど非正規雇用者の場合は、給与が少ないのだからと言って、企業負担をむしろ多くした。

当然、中小・零細企業の側から猛反発が巻き起こりました。でもそのとき、シュレーダーは彼らに何と言ったと思いますか？「そういう企業は退場してもらってけっこうだ」と言い切ったのです。

人を雇用するということは、その人の人生に責任を持つということです。「老後のための年金保険料や、病気になったときの健康保険料を負担できないような企業は、そもそも人を雇う資格がないのではないか」と言い放ったのです。

その結果、選挙に負けて政権を失いましたが、それでも「アジェンダ」と呼ばれた一連の改革をすべて実行した上で、彼は政権を去ったのです。

駒崎　すごいですね。置き土産をちゃんと置いていったんだ。

出口　そのおかげで、メルケル首相は10年間以上、安定政権を維持しているのです。働き方についてラディカルな構造改革を行ったことにより、ドイツの経済が強くなったので、当然でしょう。

社会保険料を支払えないような企業が生き残るビジネスモデルはつくってはいけない、というのが、シュレーダーの信念でした。それはつまり、人を大事にしない、人を使い捨てにしてはいけないということです。

加えて、この適用拡大を進めていくと、第３号被保険者が半ば自動的に消えていきます。

家庭の主婦（夫）のほとんどはパートで働いて、月6万円くらいの収入は得ているからです。
　専業主婦は、高度成長期の特殊なスタイルだという説明をしましたが、第3号被保険者制は専業主婦を優遇する、さまざまな仕組みのひとつです。全国に1000万人ほどいる第3号被保険者を収束していくのは大変な仕事ですが、適用拡大を行えば、ほぼ自動的に収束ができるのです。

駒崎　絶対にやったほうがいいですね。社会保険に加入して働くと、将来受け取る年金が増える、病気や失業のときの保障が備わるなど、メリットも大きいですよね。
　ただ、その分、企業や組織からは、「社会保険料を負担してでも雇用したい人か」と、これまでよりも厳しい目が向けられるようになるでしょう。経営者（雇用者）と労働者（被雇用者）双方にとって働き方を見直す、いいきっかけになると思います。

出口　やるべきでしょう。「残業の禁止」「定年制の廃止」「適用拡大」は、日本の凝り固まった社会の空気を一気に変えると思います。政治リーダーの腹ひとつで実現できる気がしますね。

下流老人が量産されないために

駒崎　いまは、非正規雇用者の多い時代です。彼らが定年を迎える30年後にどうなるかといったら、下流老人になる。

出口　下流老人の問題は定年制や国民年金を前提に考えているからであって、定年制を廃止し、適用拡大を早急かつ全面的に行い、国民年金を自営業者のための年金に純化させたら、かなりの部分は消えていくのではないでしょうか。

駒崎　そうなんですよ。でもいまは、超時限爆弾を抱えている感じです。非正規雇用者たちが定年になって暮らしていけなくなると、どうなるか。一気に生活保護になだれこんできて、生活保護が倍増することになる。だから、いまのうちに早く厚生年金に加入させて、「定年後もそれなりに暮らしていけるね」としておいたほうがいいんです。将来の財政を圧迫することもなくなります。

でもこれは、早く手をつけないといけない。見て見ぬふりをして「いずれ政治家がやるだろう」なんて油断してはいけない問題です。

出口　そこは、若い人がどんどん声を上げてほしいと思っているんですよ。

外国の友人と話をしていたら、「日本には問題意識を持っている立派な市民がたくさんいるね」と言うのです。酒を飲むとみんなが、アベノミクスやTPP、社会保障の話をする。「日本はいい国だなあ。これだけ市民の意識が高いのなら、きっと選挙の投票率は80

〜90％くらいはあるだろう」と彼は思ったそうです。

しかし、日本の国政選挙の投票率は50％ぐらいしかない。もちろんG7の中でも最低レベルです。若者の投票率になると、もっともっと低くなる。「あの問題意識を持った市民は、どこへ消えたのだ？」と、彼はびっくりしていました。

日本の社会では、市民と政府を対立したものとしてとらえるきらいがあります。「政府は、市民のことを何も考えてくれない」などと言う声が、よく聞こえてきます。ところがグローバルに見れば、この考え方自体がおかしい。なぜなら、政府は市民がつくるものだからです。

いまの政府がけしからんと思うのなら、次の選挙でいまの政治家を落とせばいいだけの話。若い人がどんどん勝手に声を上げ、投票率を10ポイント、20ポイント上げて、確かな成長のための構造改革を果断に実行でき、分配もより上手にできる、本当に「よい政府」をつくっていってほしいと思いますね。

駒崎　本当にそう思います。日本人は、どこかで政治家を見下しながら、関わることを避けている。でも、気になって仕方がないという屈折した感情があるんですね。政治から逃げようと思っても、政治はあなたを逃がしませんからね。

出口　何のために政府があるのかといえば、基本は公共財や公共サービスの提供のために必要だからです。そしてそのために、税金を上手に配分するのが政治家の役割です。その原理原則をきちんと理解していないから、おかしなことになっていくのではないでしょうか。政治に関係のない人など、世界のどこにも、ひとりもいないのです。

ソーシャルビジネスとしてのNPO

出口　ところで、駒崎さんがいまのお仕事を始められた理由をうかがってもいいですか？

駒崎　はい、もちろん。僕はもともと大学時代、ITベンチャーを経営していました。当時はITベンチャーブームもあり、比較的学生が事業を立ち上げやすくなったので、周囲を見渡してもそういう人が出てきていました。

僕の会社は学生数人でウェブやウェブシステムをつくっていたのですが、数千万円稼げる環境でした。いまならウェブ制作なんて何の価値もないのですが、昔はひとつつくるだけでけっこう稼げたんですよ。みんながつくれない時代だったので、価値があったんです。

企業の真似事をするのは楽しかったのですが、一方で「これが本当に自分のやりたいことだろうか？」と思うことがしばしばありました。

お金は稼げて楽しいけれど、何の社会的意味があるのだろう。「僕はもうちょっと人の役に立つことがしたいんだ」と気づき、「人の役に立つこと、社会の問題を解決するってどんなことがあるんだろう」と、ネットサーフィンしているうちに、あるアメリカのNPOサイトにたどり着きました。

びっくりしました。NPOなのに、ウェブ制作会社の僕らのホームページよりかっこよかったからです。「NPOってボランティアサークルじゃないの？」と思っていたのですが、そのサイトにはCEOとか、マーケティングディレクターがいる。

「どういうこと？」と思って調べたら、アメリカではNPOがソーシャルビジネス化していました。ビジネスの手段をうまく活用し、社会問題を解決する組織へと変質を遂げていたんです。これはすごいな、と。

僕は大学で経営を学んだので、事業をつくったり回すことしかできないけれど、それによって社会問題を解決していけたら素晴らしいと思いました。だからNPOをやりたいと思ったんです。

どんな課題を解決しようかと考えたとき、ベビーシッターをしている母から聞いた、病児保育の問題に行きあたりました。

ある双子のお母さんの話ですが、子どもが熱を出した。いつもは保育園に行っていますが、子どもが熱を出すと預かってくれません。仕方がないから会社を休んで看病したら、双子だったのでうつし合ってしまい、長い間会社を休まざるを得なくなったんです。会社は激怒し、お母さんは事実上解雇されてしまいました。

母からこの話を聞いたとき「そんなバカな」と思いました。子どもが熱を出すのは当たり前のことだし、親が看病するのも当たり前。当たり前のことをして職を失ってしまう社会に自分は20年も暮らしていたのか。それに気づかなかったのか……と思ったんです。

どう考えてもおかしい。そこで、自分がソーシャルビジネスの形で解決しようと思い、きれいさっぱりＩＴベンチャーを譲って、フリーターになってフローレンスを始めました。それが12年前の話です。当時はＮＰＯといっても誰も褒めてくれないし、むしろ胡散《うさん》臭い目で見られていました。

アメリカで最も有名なＮＰＯとは？

出口　いまの駒崎さんのお話をうかがって、いくつか考えさせられたことがありました。
日本の企業は世界でそこそこ頑張ってはいるけれど、大学の競争力は全然ダメで、世界のトップ１００校に１校か２校しか入れないと言われています。でも、日本が世界から最も遅れているのは、女性の社会的地位ですね。何度も言うようですが、世界で101位。

それと、もうひとつ遅れているのがNPOやNGOです。日本には、世界のトップ100に入っているNPOやNGOが、ひとつもありません。

駒崎　そうなんですよ。

出口　アメリカ社会は、お金持ちと貧しい人に二極分化していて、銃の問題があるし、他にも皆保険、皆年金がないなど大きな社会問題を抱えているにもかかわらず、若い人の意識が相対的に健全だと言われています。大統領選挙でも、若者が中心になって頑張っている。

公務員やNPO、NGOに行く若者も多い。健全な社会をつくるためには、優秀な若者が公務員やNPO、NGOに行かなくてはいけないということがよくわかっている。

おもしろいのは、日本の大学生にアメリカの企業ならどこに就職したいかと聞いたら、たいてい御三家が上がってくる。「ゴールドマン・サックス、ボストン・コンサルティング、マッキンゼー」。いまは、グーグルがトップかもしれませんが。

ところが、アメリカではこの3社は、日本ほどには人気がありません。なぜかというと「いまがピークの企業に行っても仕方がない」というのが、アメリカの若者の意見だからです。

駒崎　正しい見方ですよね。

出口　駒崎さんがすごいと思うのは、日本においてNPOの役割を先取りされたこと。先ほどのお話にもありましたが、NPOやNGOは、これまでの日本ではボランティアのイメージが強かった。

でも、僕はまったく違うと思っています。株式会社もNPO、NGOどちらも企業だと思っていて、株式会社にするのかNPOやNGOにするのかは、どちらの事業形態のほうが自分たちのミッションを達成しやすいのか、というだけの違いです。

だから、NPOでもNGOでも株式会社でも、CEOがいてマーケティングオフィサーなどがいるのは当たり前なんです。そういう面で、日本で新しい試みをやっておられるのがすごいなと思っていました。

駒崎　アメリカでは、競争力を支えるという意味においても、NPO業界は貢献しています。例えば、アメリカで最も有名なNPOはどこかというと、ハーバード大学です。ハーバード大学は、NPOなんです。

出口　そうなんですよね。

駒崎　多くの日本人は、このことを知りません。ハーバード大学は、アメリカ合衆国ができる前に牧師さんがつくった大学です。寄付と授業料と、寄付からなる基金を運用して成り立っている、ソーシャルビジネスなんですよ。

日本人がこれを聞いて、「えっ、大学がNPO?」と驚いてしまうのは、日本の大学が「学校法人」という文科省にひもづいた非営利法人格をあてがわれてきたからです。しかし、学校法人についてアメリカ人に説明するのは非常に難しい。なぜなら、そんなロジックがないからです。

「要するに、非営利法人だし、NPOなんだよね?」と言われる。そう言われるとNPOなんだけど、「省庁が特殊に管理する準行政みたいなことだ」と説明しなければなりません。つまり、日本のNPOは、省庁にひもづけされて分断されてきたんです。

文科省にひもづけられた学校法人、厚労省にひもづけられた社会福祉法人、医療法人。国家や行政を力強く打ち立てていく日本の近代化の中で、「君たちは、省庁にひもづいて、とりあえずその管理下の中で運営してくれ」という形で発展せざるを得なかった。NPOの歴史は、分断の歴史なんです。

出口　政府が上からつくったんですよね。

駒崎　そう。タガをはめていったんです。「学校法人にすれば、私学助成をあげるからね」などと言われながら馴致《じゅんち》されてきた。省庁に飼いならされてきたわけです。

出口　政府の、いわばひとつの下請け機関になってしまった。

駒崎　政府の下請けとしての、非営利セクターに甘んじてきたわけです。

出口　ハーバード大学は、たしかメイフラワー号が上陸してから16年後くらいにつくられています。教育は大事だからと、寺子屋を先につくってその後に国ができたということですね。

日本は大日本帝国ができてから帝国大学をつくっているので、順序が逆。しかも、アメリカの有名大学はほとんどＮＰＯで独自に運営されており、公立（州立）大学のほうが地位が低いのです。

大学の競争力が成長率を押し上げる

出口　アメリカの大学は、国際競争力が高い。例えば、アメリカ全土には常時84～85万人の海外留学生が来ています。

駒崎　ほう～。

出口　しかも、アメリカの大学は授業料が、ものすごく高い。当社の中堅社員が、２年前に「勉強したい」と言ってアメリカの有名な大学院に留学したのですが、彼女はたしか長年ためた貯金を全部持っていきました。向こうでは授業料だけでも数百万円はかかるので、生活費と合わせると、１年で最低でも１千万円ぐらいが必要になるそうです。

仮に、留学生みんなが1千万円つかうとして計算したら、それだけで8兆5千億円です。アメリカのＧＤＰは約１８００兆円（２０１５年）ですから、留学生の存在だけで約０・５％成長することになる。大学に競争力があると、社会全体の競争力が上がり、成長率も上がる。企業だけが成長率を上げるわけじゃないんです。

駒崎　大学の競争力は研究開発につながり、産業力となって、また次なる産業を生み出していきますね。企業だけなら、研究開発は短期的にペイする内容になりますが、大学は30年40年、お金にならないことにも投資できる。

そこが、株式会社形態をとらないゆえの厚みなんです。お金にならないことに投資できると、めぐりめぐって社会全体の得になる。超長期の合理性が追求できます。

社会にはどちらも必要でしょう。長期合理性のもと、お金にならないけれど投資していく一方で、短期合理性でお金をぐるぐる循環しながらバランスをとっていく。

日本の場合は、企業世界は強いのですが、非営利世界は弱いので、長期的合理性のある投資は生み出せず、短期的合理性ばかり追求してしぼんでいくという形になっています。

出口　それに、アメリカでは企業の経営者から大臣となるケース、大学の先生が大臣となるケースもたくさんありますね。大学で長期間、科学的な研究をした人が、突然大臣になったりする。そこでさまざまな政策に関われるのは、大学の競争力が高いからです。コンドリーザ・ライス元国務長官などは、その典型ですよね。

駒崎　オバマ大統領は、上院議員になるまではハーバードで憲法を教える講師をやっていて、その前はシカゴの貧困支援のＮＰＯで働いていました。そのダイナミックな動きは、日本では考えられないでしょう。

出口　駒崎さんのように若くて本気でこの社会を変えようと思っている人が大臣になったら、日本もあっという間によくなるのになあ（笑）。

駒崎　いやいや、それはありません。でも僕は、日本もそういう社会にしていきたいんですよ。「ＮＰＯで働く人たちが、首長になったり政治家になったりするのは当たり前だよね」という社会。「そうじゃない人に、どうして現場のことがわかるんですか？」という感じに変わっていくといいと思っています。

出口　こんなことを言ったら失礼ですが、駒崎さんはごく普通の人でしょう。例えば、小泉進次郎さんはとても立派な方だとは思いますが、お父さまが元首相ですから、多くの人にとっては「自分には関係のない遠い世界の人」だと思ってしまうのではないでしょうか。

駒崎　ハハハ、僕はサラリーマンの息子ですからね。

出口　でも、現に駒崎さんはいまとても注目されていて、普通の人でもこれだけのことができるのだと、ものすごい力を社会に与えていると、僕は思うのです。普通の人だからこそ、みんながロールモデルとして真似しやすいんですよ。

先に出た草の根ロビイングにしても、「あの人は特別」と思ったら誰も真似はできませんが、「自分も行動できそうだ」と思えば親近感がグッとわきます。みんながそう思って行動すれば、きっと世界は変わりますよ。

第4章

教育こそが人間形成につながる

就学前教育が子どもの人生を決める

出口　この章では、保育園をはじめとする教育の本質に迫っていきましょう。
まず保育園は、あらゆる意味で働く人を支えるベーシックな存在です。安倍首相がせっかく「一億総活躍」と言われているのだから、ロジックから言えば即刻「保育園義務教育化」を断行すべきだと僕は思います。

駒崎　現実的にも、義務教育化はそれほど難しくありません。前にも言いましたが、年金が50兆円で医療費が37兆円。でも、保育に必要な額は3千億円から1兆円くらいです。高齢者にかけているお金と、ケタが違う投資で済みます。

出口　保育園をつくる場所がないのなら、統廃合されて空いている小学校の校舎を保育園に転用して、自治体に任せればいいと思います。小学校と幼稚園や保育園をまとめてコンパクト化すれば、学童保育の問題も解決しやすくなるでしょう。

駒崎　基本、義務教育は小学校からなので、それまでの幼児期は「親がみる」ことが当たり前でした。しかし欧米では研究が進み、就学前にさまざまな能力が決まるとわかってきたので、20年ほど前から就学前教育にとても力を入れています。

有名なのは、シカゴ大学のヘックマン教授によるペリー就学前プロジェクトの研究です。ヘックマンは、ノーベル経済学賞を受賞している保守派の経済学者。このプロジェクトは、1960年代にミシガン州で、貧困家庭の子どもたちのうち58人を対象に、質の高い保育を提供、その後長期にわたり追跡調査を実施したものです。

日本の保育園のようなものですが、子ども6人に対し先生がひとりという少人数制で、週に5日午前中に約2時間半ずつ教室で読み書きや歌や絵を描いたりして過ごし、週に一度は1時間半の家庭訪問をするというものです。先生は、大学で教育を受けた人たちがつきました。

貧困家庭の子どもたちなので、親も教育水準が低く、言葉づかいも悪かったり、食事も3食とることができていない家庭が多く見られます。そういう人たちの中で、良質な保育を受けた人（58人）と受けていない人（65人）を40年ほど追跡調査し、比較しました（図4－1参照）。追跡できるのがアメリカのすごいところですが、どういう結果が出たと思いますか。

良質な保育を受けた人のほうが、生活保護率が低かった。年収が高かった。犯罪率も低かった。失業率も低かった。生活保護家庭も犯罪者も少ないので、優位に行政コストを下げる結果となったのです。

出口　なるほど。

図 4-1　ペリー就学前プロジェクトの効果

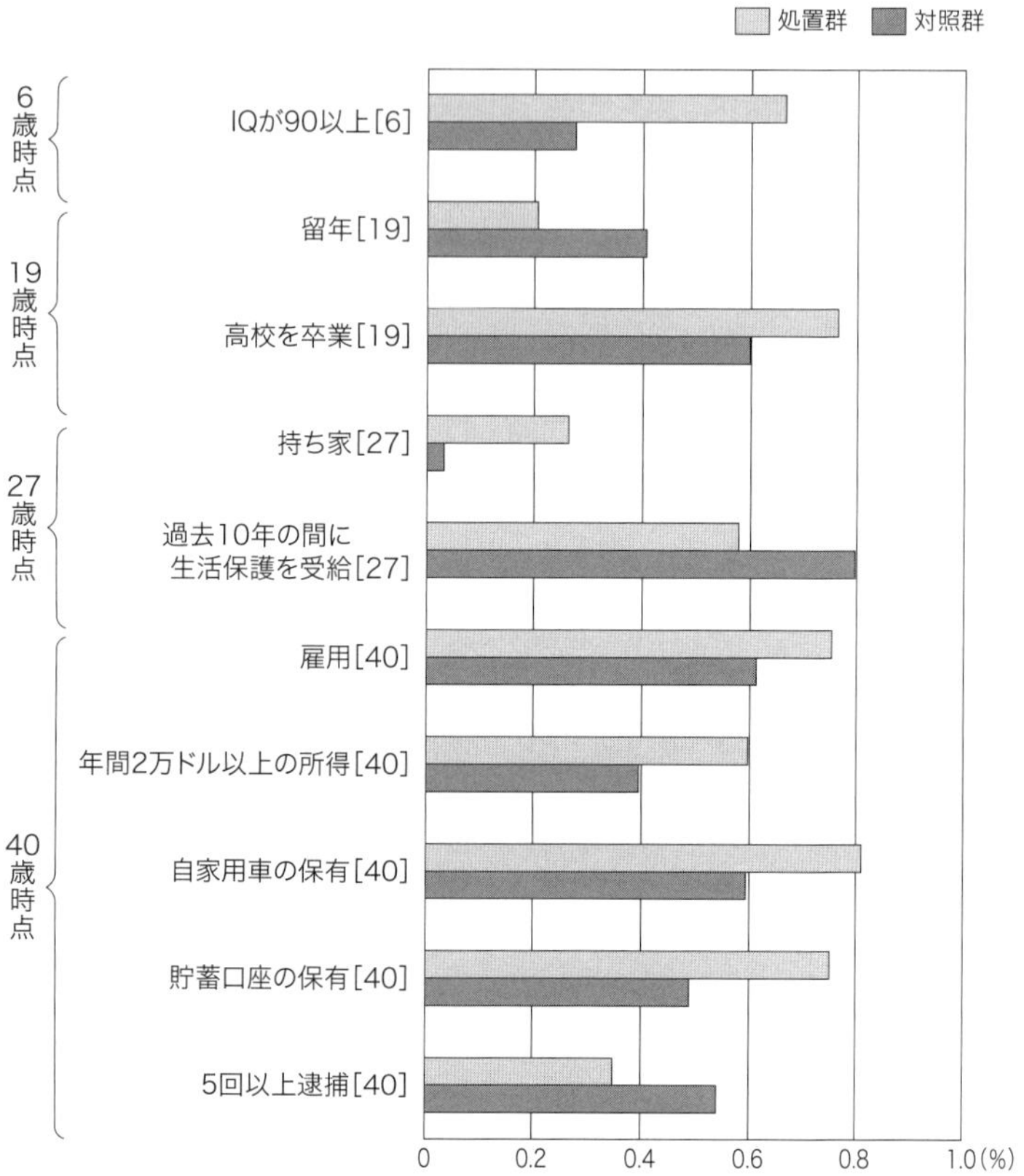

※灰色の棒グラフは処置群の人たち（良質な保育を受けた）の成果の平均値を表しており、黒色の棒グラフは対照群の人たち（受けていない）の成果の平均値を表している。

※［　］内の数字は、調査時点の年齢を表す。

出所：Schweinhart, L. J., Montie, J., Xiang, Z., Barnett, W. S., Belfield, C. R., & Nores, M. (2005). *Lifetime effects: the High/Scope Perry Preschool study through age 40.* Ypsilanti: High/Scope Press.

『「学力」の経済学』（中室牧子、ディスカヴァー・トゥエンティワン）

図4-2　人的資本投資の収益率

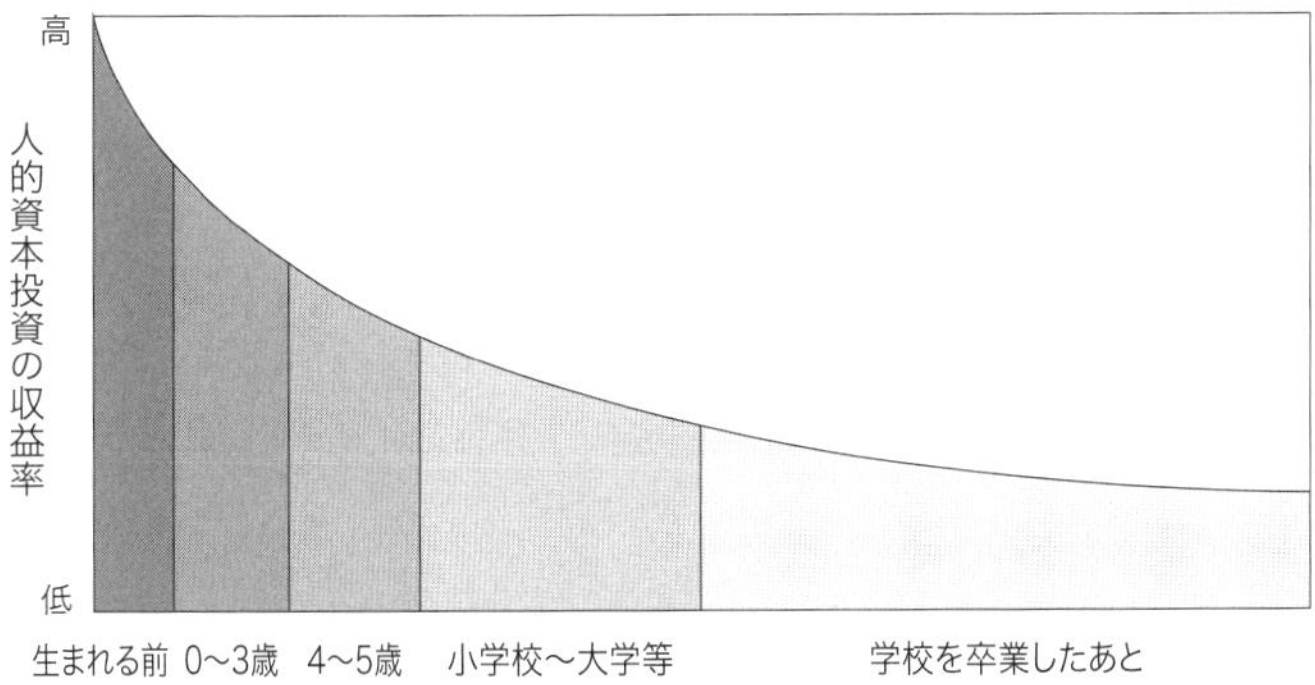

※縦軸は人的資本の収益率を表し、横軸は子どもの年齢を表す。
※生まれる前の人的資本への投資は、母親の健康や栄養などに対しての支出を指す。
出所：Heckman,J.J., & Krueger, A.B.(2005). Inequality in America: What role for human capital policies. MIT Press Books.
『「学力」の経済学』（中室牧子、ディスカヴァー・トゥエンティワン）

駒崎　その投資利回りたるやすごいもので、おしなべて非常に高い。3・9〜6・8倍になると言われています。つまり100ドルの投資が、400〜7000ドルになって返ってくるということです。

また、ヘックマンのグラフで、横軸に年齢、縦軸に投資収益率をとったものを見ると、圧倒的に幼児期が高くなっています（図4－2参照）。幼児期の投資は、すごく投資対効果が高いんですよ。

出口　日本では、いい大学に入ればその後の人生がよくなると思い込んでいる人が多いように見受けられますが、その期待を裏切る結果ですね。

駒崎　そうなんです。じつは、幼児期の投資が最も人生に効果がある。成長する段階

図 4-3　アメリカにおける所得四分位階級別の算数の学力差

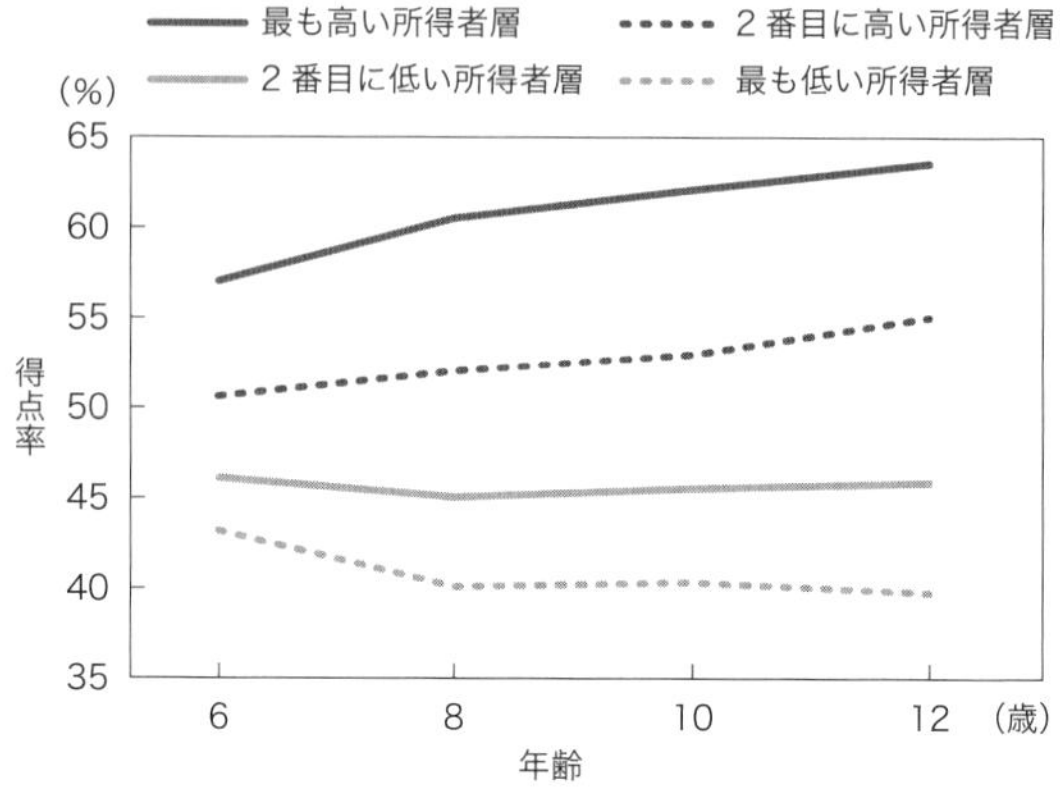

※ Peabody Individual Achievement Test の算数の点数についての平均得点率。所得四分位階級は被験者（6～10歳までの子ども）の家庭の平均的な収入から算出。
出所：2004 The MIT Press

で徐々に落ちていき、成人での職業訓練が一番効果が低くなります。

それなのに、日本の政府は大人になってからのところを一所懸命やっている。そこで成績が悪いと、途中でもう「自分はできない」となって取り戻せません。だから「最初の段階がすごく大事。しっかりお金をかけるべきだ」と、保守派の経済学者が言っている。それを踏まえ、欧米では就学前教育をなんとかしようという流れが生まれてきました。

そして、親の所得によって子どもの学力に差が出てきています（図4－3参照）。「貧しくても子どもの努力次第で……」と言う人がいますが、そうとは言えないのです。

出口　親の所得いかんで子どもの学力にこ

れだけ差が出てしまうんですね。

駒崎　そうなんです。では、教育を受けたアメリカの貧困家庭の子どもたちは、どんな能力が上がったのか。つぶさに見ていくと、意外なことがわかってきました。

ＩＱに関しては、教育を受けた当初は上がりましたが、小学校低学年くらいで、教育を受けていない子と同じくらいにそろいます。つまり、たくさん単語を覚えられるとか、計算ができるという「認知能力」が上がったのではありませんでした。

明らかに向上していたのは、その影にある「非認知能力」です。何かというと、物事をやり抜く力、興味を持って集中する力、友達同士仲よくする力、人の気持ちがわかる力……。そういう能力が向上し、持続していくことがわかったのです。

特に高かったのは、物事をやり抜く力。これが子どもたちの将来を左右したというのは、「自制する」ことや「努力を積み重ねる」ことのほうが、単語を覚えるよりもはるかに重要だという証明です。

つまり、保育園のときにフラッシュカードで四字熟語を覚えさせるなど、超ナンセンス。そういうことが、１９８０年代にはペリー就学前プロジェクトによってわかっていました。

マシュマロ・テストという実験もあります。これは、子ども時代の自制心と将来の社会的成果の関連性を調査したもので、スタンフォード大学のウォルター・ミシェルという心理学者が、1960年代後半から1970年代前半にかけて実施しました。

出口　どんなテストですか？

駒崎　まず、4歳から5歳の子どもたちに「いますぐマシュマロを1個もらう」のがいいか、「15分待ってマシュマロを2個もらう」のがいいかを選ばせます。その結果、我慢できた子どもたちは、その後社会的に成功をする人が多いことがわかったんです。しかも、待つことができる時間が長ければ長いほど、大人になったときに自制心が強く、ストレスへの対応もうまいことがわかりました。

出口　それはすごい！

駒崎　闇雲に、社会的に成功を目指そうと言っているわけではないんです。ただ、子どものころから自制心がない人が、大人になってから自制心を持つようになるのは難しい。だから、幼児期、特に就学前の教育が重要なので、これからもっと幼児期の教育に力を入れる必要がある。そのためには、保育園義務教育化は目指すべき方向ではないかと思います。

家庭の子育てに保育園が伴走する

駒崎　日本は欧米に比べて30年くらい遅れているわけですが、日本の幼児教育に関わっている人たちも、「子どもの非認知能力を高めていくべきだ」ということは知っています。非認知能力を高めるために大切なことは、ふたつあります。

ひとつは、よく遊ぶこと。遊びというのは非常に高度で、例えばひとりの子どもが「ガオーッ！」と言うと、もうひとりが「シュワッチ！」と言います。「ガオーッ」と言った瞬間に、その子は「僕は怪獣だから、君はこういう役回りをやってね」と示唆している。メタメッセージを送っているわけです。それに呼応して、相手の子の反応が起きる。ここには、すごく高度なコミュニケーションがあるわけです。

出口　そういうことを遊びの中で学べるからこそ、集団保育のほうがいいんですね。

駒崎　そうなんです。子ども同士、集団で育つことは非常に意味があります。

もうひとつ、ペリー就学前プロジェクトで効果が上がったのは、週に一度の家庭訪問でした。子どもの親に「この子はこういういいところがあるんですよ」と話をした。すると、親の価値観が変わっていったのです。

出口　その実験を通して、親も学んでいったわけですね。

駒崎　保育園でよい教育をしたとしても、家で打ち消されてしまうことはよくあるんです。家庭にいる時間のほうが長いので、家で罵倒されている子は、保育園で多少は中和されても親の悪い影響が及ぼされ続ける。

ペリー就学前プロジェクトでは、親に積極的に関わるようにしました。すると、「なるほど、悪い言葉は使わないほうがいいんだ」とか「朝ごはんを食べたほうがいいのね」とわかってくる。家庭の行動変容が起きたのです。

これは、日本の保育園も同じなんですよ。保育園は子どもを預かるだけの場所だと思われがちですが、じつは送り迎えのときに先生と話したり、相談に乗ってもらったりする場所でもある。親の行動変容を助け得る機関なんです。

出口　保育士さんたちは、保育のプロですからね。プロの子育ての方法を、親御さんとシェアするといいですね。

駒崎　基本はそうですが、現在の教え方は決して上からではありません。昔の公立保育園では「こうしなきゃダメ」と上から指導する感じでしたが、それでは学習効果が低いこともわかってきました。親のほうの意識もあるので、「伴走しましょう」という支援に変わってきています。

出口　コワーク（コワーキング＝共働ワークスタイル）ですね。

駒崎　ただ、保育士が忙しすぎるんです。担当している子どもが多すぎると、親との対話が少なくなる傾向があるので、少人数指導が望まれます。

社会で生きていく武器を与える

出口　駒崎さんのお話をうかがって、ますます保育園は義務教育化したほうがいいと思いました。日本は世界で少子化が最も進んでいる国のひとつなのですから、最優先で義務教育化し、保育士の給与も上げて、優秀な保育士を確保して、少人数教育を行うべきです。

そのためには大前提として、予算（財源）を確保する必要があります。使途が明確なら、増税に反対する人も減るのではないでしょうか。

駒崎　本当にそう思います。最近になって、ようやくヘックマンの研究報告が日本でも知られるようになりましたが、これはすでに10年前に発表されていたこと。いままであまり問題にされなかったこと自体、日本の就学前教育の貧困さを表しています。

先日テレビを見ていたら「すごい幼稚園がある」という番組をやっていて、「どんな幼稚園だろう？」と思って見ていたら、子どもたちがそろって四字熟語を暗唱したり、意味もわからず「子曰く……」と漢文を朗読していました。

でもね、みんなで一緒に同じ動きを同時にするのは、工業社会のあり方ですよね。これは、第2次産業が強い時代は合理的だったんですよ。

出口　戦後の、アメリカに追いつけ追い越せの時代、キャッチアップモデルの時代は、その教育が一番社会にフィットしていた。人口が増える状況下で加工貿易立国を目指していた時代は、そのやり方でよかったのです。

駒崎　はまる教育だったんですよね。

出口　でも、いまは高度成長期とは周囲の状況がまったく様変わりしています。だから、社会環境の変化に合わせて僕たちが変わっていくしかありません。

僕は、教育の目的はふたつあると思っています。ひとつは、自分の頭で考え、自分の言葉で自分が感じたことや自分の意見をはっきり表明できる力を育てること。

もうひとつは、現実の社会で生きていくための武器を与えること。「我慢強さ」や「やり抜く力」も大切ですが、お金のつかい方や社会保障の仕組み、選挙の仕方など、わが国の社会で生きていく上で当然に必要な、生きた知識を教えることが、教育のキモです。

2章でもお話ししましたが、例えば「選挙って何?」ということを、きちんと教える（59〜60ページ参照）。

選挙前になると「○○氏優勢」などと、メディアが報じます。○○氏でよいなら、僕たちのとる方法は3つ。「○○氏の名前を書く」「白票を出す」「棄権する」。どれも同じ結果になります。しかし、○○氏がイヤなら、とる方法はひとつしかない。それは、選挙に行って違う人の名前を書くこと。これが選挙です。こういう当たり前のことをきちんと教えるのが、本当の教育だと思います。

駒崎　いまの若い人たちの間には、「なぜ選挙に行くの？　別に行く必要ないじゃん」という雰囲気があります。例えば、区長選や区議選では若者の投票率は10％台なんです。あり得ない数値ですが、現実です。

出口　政府と市民は、決して対立するものではありません。政府は市民がつくるものなので、気に入らなければ、選挙に行って政府をゼロからつくり直せばいい。そして、新しい僕たちが望むようなルールをつくればいいと、徹底的に小学校や中学校で教えていかないといけません。

シチズンシップ教育

駒崎　出口さんのいまのお話は「シチズンシップ教育」と言われ、アメリカやヨーロッパの一部の国では教育の基礎として埋め込まれています。

日本でも、その教育がないわけではありません。戦後の民主化の一貫で「生徒会」が導入され、生徒自身が自分たちで生徒会長を選び、自分たちで学校のルールを決めていこうと、ある種のOSが導入されました。でも結局どうなったかというと、学生運動が起きたことで、鎮圧させるために一気に無害化してしまったんです。

いまの時代、喜んで生徒会長をする子は少ないですね。たとえ生徒会長になっても、本来の意味でのリーダーシップをとったり、ルールを決める役割ではありません。本当はガチで学校のルールを決めたりしていくという想定だったのに、かなり制限されたレベルになってしまった。


出口　一番の原因は、原理原則を軽視したことではないでしょうか。学校教育で、基本的な原理原則を徹底的に教えることを怠け、OSだけを先に与えてしまったことに問題の根があるような気がしています。人間にまず必要なのはOSではなく、原理原則の教育です。

ロンドンで暮らしていたとき、印象に残ったことがいくつかあるのですが、保育園では最初に、子どもたちがクラス全員とひとりずつ対面します。1対1で、何度も何度も繰り返し向き合うのです。そして先生が「みんな一緒ですか？　違いますか？」と徹底して子どもに聞き続ける。子どもたちは「みんな、違う」と答えます。

すると先生は「みんな、顔も体つきも違うね。じゃあ、考えていることや感じていることは一緒かな？」と質問する。子どもたちは、「外見が違うのだから、中身も違うんじゃないかな？」と言い出すんですね。「そうだね。みんなそれぞれ外見も中身も違うのだから、感じたことや思ったことはきちんと言わないと、伝わらないよ」と教えるのです。「一人ひとり違うのだから、思ったことは言葉で伝えようね」「みんな違う人が社会をつくっているのだから、切符を買うときはルールを守って並ぼうね」。初等教育では、このふたつの基本がわかれば、十分だと言うのです。こういった、人間のあり方の原理原則を教える力が、日本はとても弱いと思う。

駒崎　僕は、その弱い部分を克服しようと思って、近い将来シチズンシップ教育を導入した保育園をつくりたいと思っているんです。ヨーロッパでは5歳児が話し合って、お昼ごはんの時間を決める保育園があるのですが、そういう園をつくれたらな、と。

出口　考えてみれば、12時にお昼ごはんを食べる必要はないですよね。

駒崎　おなかがすいたときに、食べればいい。だから「おなかがすくのは何時だと思う?」と聞いて、子どもたちが決めていくんです。

出口　子どもたちの自治ですね。

駒崎　そう、自治です。一番投資対効果の高い時期に、シチズンシップを教える保育園をつくったら、すごく効果が上がるのではないかと思っています。

日本の保育園や幼稚園の多くは、基本的に「みんなと同じとき、同じタイミングでできる」ことをよしとしています。だから組体操が人気なんですね。「どうしてそうなってるの?」

と考えることを喜ばないわけですから、どうしても「一緒にやれよ」という話になっちゃう。

出口　組体操での事故は、年間８０００件を超えています。そして被害者の大半は、まだ体ができあがっていない小学生。僕は即刻中止すべきだと思っています。この数字を見たら、誰でもそう思うでしょう。

　聞けば、先進国では学校で組体操をやっているところはなく、組体操はサーカスの技だそうです。組体操をやっている小学校には、サーカスの危険な技を小学生にやらせていいのですか、と問いかけたい。それから繰り返しになりますが、一人ひとり違う人が集まって社会をつくっている、という当たり前のファクトをもっと徹底的に教えたいですね。

駒崎　そうなんですよ。話し合うのは、悪いことじゃないと知ってほしい。「感じていることを言葉にして、話し合って決めていこうよ」という保育園がつくりたいんです。

出口　家庭ではできないことですね。ひとりっ子や、兄弟が少ない子がほとんどなので、家庭の中だけで育てると、自分とは違う人が他にたくさんいるということが、よくわからなくなります。ヒトはもともと集団の中で生きてきた動物です。だから、核家族で育てるより、絶対に集団の中で育てるほうがいいのです。

　今年の春、その意味で本当に素晴らしいはなむけの言葉を見つけて、うれしくなりました。京都市立芸術大学の鷲田清一学長が掲載を許可してくださったので、章末に紹介します（148～151ページ）。何度もかみしめたい、心に残る祝辞です。

地域コミュニティの再設計を

出口　保育園の義務教育化の他に、もうひとつ、地域コミュニティの再設計・再構築の方策を、社会が考えていかなくてはいけないと思います。この前、いい話を聞きました。

子どもが病気になったら、いまの保育園のシステムでは職場を途中で退社して、早く迎えに行かなくてはなりません。

ところで、コレクティブハウスと言って、共用のダイニングルームなどを通じて多様な人が関わり合って住む場所があるのですが、そこに住んでいる人が、そのハウスのネットワークで「子どもが熱を出しました。今日は仕事が忙しいので、代わりに迎えに行ってくれる人はいませんか？」と聞いたら「行けるよ」と手を挙げてくれた人がいた。そのハウスに住んでいる人なら、保育園の人も顔をよく知っているので、安心して子どもを預けてくれるというのです。

超高齢社会となり、ひとり暮らし世帯が増えて、地域の共同体は崩れかけています。でも、コレクティブハウスのような仕組みがもっと世の中に広がれば、買い物をしたり、子どもの看病をしたり、互いに助け合えるのではないでしょうか。

みんなが18時に帰れるようになれば、例えば一緒に住んでいなくても、半径500メートル以内に居住しているバーチャルなコレクティブハウスもつくることができるでしょう。日本では800万戸も空き家があるのだから、中古住宅の取得には思い切った税制の優遇をしてはどうか。中古住宅をまとめてコレクティブハウスにすれば、さらに上乗せして税制優遇を行う。

特に公営住宅は、すべてコレクティブ化する。そうすると、ほぼ自動的にコンパクトシティができあがるのではないでしょうか。

駒崎　そうですね。保育園を義務教育化すると言っても、家で育てたい人もいるでしょう。そういう地域コミュニティにいれば安心できます。

出口　保育園に行かないのも、ひとつの自由ですからね。

駒崎　僕は、家で子どもを育てたい人も、気軽に保育園に入れるようにすればいいと思うんです。ちょっと2時間だけ預けたいというニーズもあるはずですから。

出口　デイサービスみたいなものですか？

駒崎　そうです。でも、いまは待機児童が多すぎて、一時サービス的な保育はあまり枠がありません。しかし、誰もが保育園に預けられるようになれば、週5で8時間ずつ預ける人がいていいいし、週2で2時間ずつでもいい。誰しもが望む形で保育園に子どもを預けるために、保育園はユニバーサルサービス化するべきだと思っています。

出口　いいですね。

駒崎　これは、子どもの虐待も予防します。なぜなら、虐待をする状況は、親が厳しい精神状態に置かれているとき。親と子だけでは、虐待に気づけるチャンスがないんです。

でも、ときどき保育園に預けて地域とのつながりができると、「あのお母さん、顔色悪かったから、様子を見に行きましょうか」ということになる。

出口　密室だとわからないんですよね。

駒崎　密室育児は防がないといけません。そういう意味でも、ユニバーサルサービス化を進めたいんです。

都市部での孤独な子育て家庭は、急増しています。保育園に行っていればある程度いろんな人と関わりますが、「家庭」と「保育園・幼稚園・小学校」の往復だけで、関わる人が限定的であることも原因のひとつではないかと思います。

僕は地域コミュニティをつくることで子育て問題の解決に取り組みたいと思い、中央区に子育て支援施設をつくりました。ここでは、子育てを地域で支え合う社会の実現を目指して、公園や多目的室などを使って、地域で子どもや子育てを支えるコミュニティの創造にチャレンジしています。

単に遊び場をつくるのではなく、町の先生が子どもたちに自分の特技を教えたり、親同士が気兼ねなく過ごせて新たなつながりが生まれたり、畑で花や野菜を育てたりと、子どもと親を中心にさまざまな世代の地域住民を巻き込んだ施設です。子どもと子育てに関わる人が増えることが、豊かな地域につながるのではないでしょうか。

出口　社会で子どもを育てる。社会で介護する。そういうグローバルではごく当たり前の精神や価値観を、これからの日本は育てていかなくてはなりません。

現在のわが国社会の一番の問題点は、原理原則を突き詰めて考えず、腹落ちしないままに表面的な制度だけをつくってしまうこと。そうすると、もともとがあやふやだから、すぐに根っこごと引き抜かれてしまいます。

物事の原理原則や哲学、社会があるべき姿をみんなが考え直していくことから始めないと、すべてが長続きしない気がしています。

ペアレンツシップを学べる性教育を

駒崎　日本では、人工中絶が年間20万件と言われています。1年に100万人しか生まれないのに、その2割の数が中絶されている。悲しくなるような話です。

性教育は、質も量も改善しなくてはいけません。日本では性教育がタブーになっていて、授業では避妊についてコンドームのつけ方を、先生が照れながら教えるだけ。学ぶ内容が貧弱すぎます。

出口　アホかと思いますね。性教育は単にセックスの話をするのではなく、子どもを産むということは動物としてどういうことか、という本質論から入るべきです。すべての動物は、次の世代のために生きているんですよ。

ある動物学者が研究した結果では、動物のエネルギーの95％はデートのために使われています。つまり、仕事じゃなくて、デートをしなければ子どもは生まれないんだぞと（笑）。そういう事実から教えていくべきです。

そして、女性だけが赤ちゃんを産めるのだから、産みたいときに産むのが一番いいことだよと、当たり前のファクトを教えるべきです。もちろん、産みたくなければ無理に産む必要はないのだということも。その上で、わが国でもシラク3原則のような真っ当な政策が実現できれば、救える命ももっと増えていくでしょう。

駒崎さんは、シチズンシップ教育とおっしゃいましたね。僕の思う教育は、先ほども言いましたが、考える力とその考えたことを人に伝える言葉の力を育てること、社会で生きていくための具体的な武器を与えることだと思います。そして、この世界を動かしている人間がつくった社会の本質を教えなければならない。性教育も、もちろんそのひとつです。そういう本質論をきちんと教えれば、世界のどの国の人とでもコミュニケーションができる、共通の土俵が養えます。

駒崎　妊娠や出産が何歳くらいまで可能か、というデータもきちんと教えましょう。ファザーシップ、マザーシップ、ペアレンツシップを教えることも大事ですね。

と言ってもピンとこないかもしれませんが……例えば、どんな父親・母親になりたいか、なりたくないか。もし将来結婚生活を送る（夫婦になる）としたら、どんな生活をしたいか。将来の夢というと職業の話ばかりになりがちですが、父親・母親であることについて、真剣に考える機会があってもいいんじゃないかと思います。

出口　子どもを産むと、少なくとも20年前後は子どもを育てていく義務があり、扶養する義務があるんだよ、ということを、男性にも女性にもきちんと教えなくてはいけません。

駒崎　せっかく保健体育の授業があるのだから、ちゃんと話し合いながら、学んでいけばいいんですよ。コンドームのつけ方でおしまいにするのは、あまりにもったいない。

コンドームのあとにはもっと大事なことがたくさんあって、われわれは家族をつくっていく主体なのだと、タブーなく議論していかなくてはいけません。教育カリキュラムの中にしっかり入れ込んでいきましょう。

教育の力は偉大だ

駒崎　なぜ教育の中に組み込むことが大事かというと、「技術家庭」という授業があるのですが……。

出口　僕の時代にもありましたよ。

駒崎　出口さんの時代は、男女で分けていたでしょう？

出口　ええ、分けていました。女子は裁縫や料理、男子は工作とか。

駒崎　僕らの少し上の世代から、男女一緒にするようになったんですよ。一緒に料理をしたり、裁縫をしたり。その世代から、男性の家事育児参加率が上がっているんです。

出口　そうなんですか。

駒崎　だから、教育の力は偉大なんです。教育課程に料理や裁縫があると、男子も料理をすることがデフォルトで埋め込まれる。だから、ペアレンツシップの話も教育課程にしっかり入れると、男性がもっとしっかり育児をするようになるでしょう。

男性が育児にコミットしたほうが、効果が上がるものもあります。おもしろいデータがあって、子どもの学力が上がるんですよ（図４－４参照）。父親が子どもの勉強を見ると、優位に子どもの学力を引き上げる。特に、同性の子どもにはより強く表れます。おもしろいのは、お母さんが「勉強しなさい」と言うだけでは、あまり効果がないというデータもあるんです。

だとすると、お父さんは何をすべきか。早く帰って子どもの勉強を見ればいいんです。塾に行かせることも効果はあるけれど、お父さんが早く帰ってきて教えることによっても、引き上げられる。イクメン教育効果は、データが証明してるんです。

出口　へえ！

駒崎　そういうことを、お父さんはもっと知ったほうがいい。

出口　事実を知り、世界のことを知るためには、リテラシーを上げる必要がありますね。

駒崎　あとは、出口さんがいつもおっしゃっていますが、常に学んでいくことです。僕らの勉強は大学でおしまいだった。もっと言えば大学受験のところでおしまいだったから、学びを継続していないんです。

でも、死ぬ瞬間まで学び続けるという姿勢が、われわれのリテラシーを上げ、民度を上げ、いい国づくりにつながっていくと思います。一人ひとりが学びをあきらめないことが、すごく重要だと思っています。

図 4-4　小学校低学年の子どもの学習に対する両親の関わりの影響

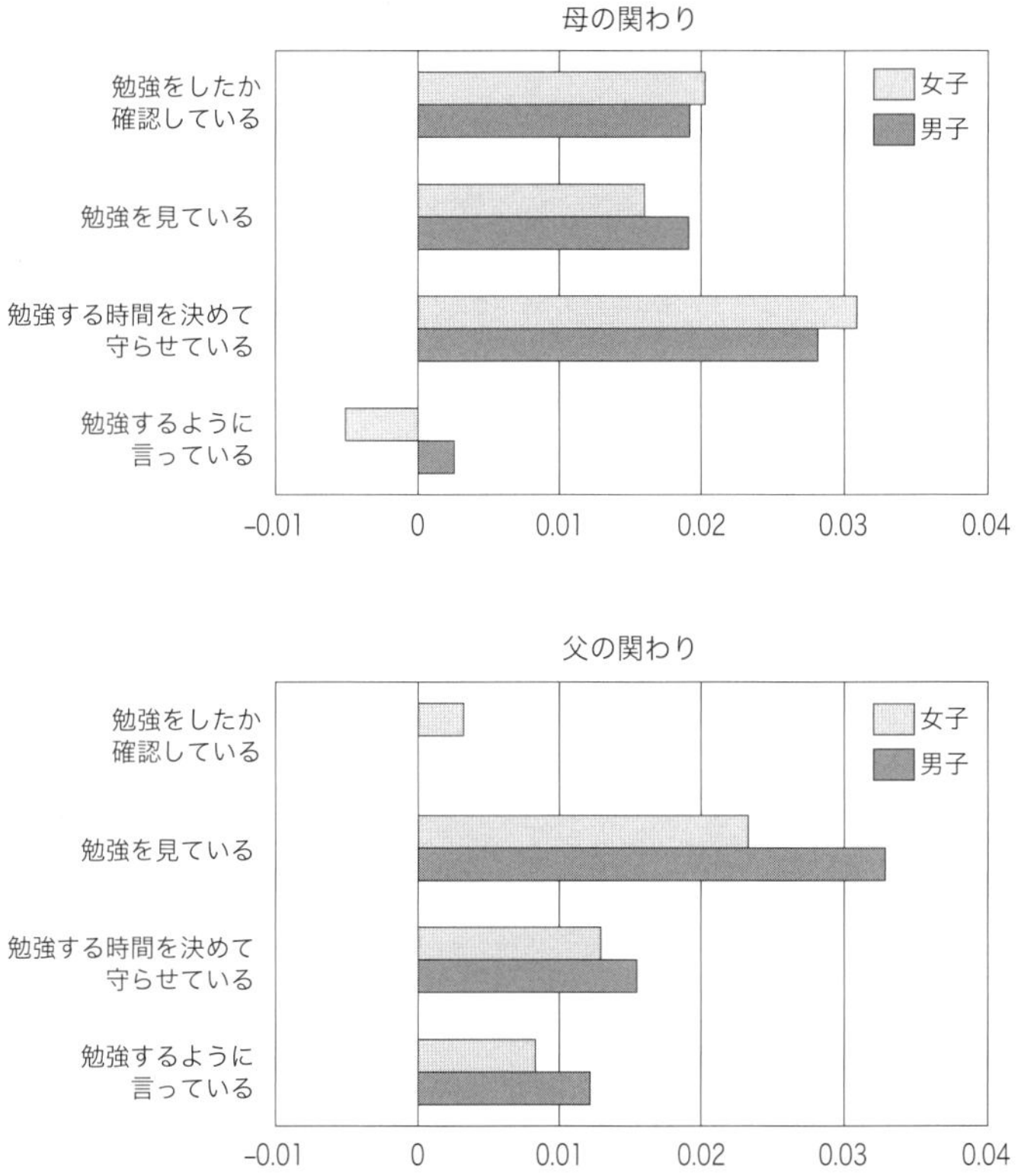

※図表の棒グラフは、数値が正の値で高いほど子どもの学習時間を増加させる効果が高いことを意味する。

※親の関わりの度合いは、各項目 2 点満点で数値化され、子どもや親に関する観察不可能な要因（子ども自身の能力や親の教育熱心さなど）を制御した固定効果と呼ばれるモデルを推計した結果をグラフ化したもの。

出所：Nakamuro, M. , Matsuoka, R., & Inui, T. (2013). More time spent on television and video games, less time spent studying? RIETI Discussion Paper Series No. 13-E-095

『「学力」の経済学』（中室牧子、ディスカヴァー・トゥエンティワン）

卒業するみなさんへ

鷲田清一
（京都市立芸術大学2016年3月23日
卒業式式辞より一部抜粋）

1年を通じて私は、大事なふたつのことを目撃し続けました。

ひとつは、みなさんが「とことん」ということを経験したことです。何ごとであれ、寝食を忘れるくらいにのめり込んだ経験は、人生の財産です。失敗してもいい、とにかく何かをとことん突きつめたという経験は、のちの人生で行き詰まったとき、「あのときはあそこまでやったんだから、できたんだから」という記憶とともにあなたたちを支えるはずです。そんな大事な経験をあなたたちはした。そしてそれを潜り抜けたあとは、これまた豪快なばかりにほどけ散った。この集中とほどけのコントラストは、とても見事でした。

もうひとつは、みなさんそれぞれがそれぞれの課題と格闘しながらも、他大学では見られないくらいに、互いによく助け合ったということです。もちろん、ひとりに戻ったときの焦りや苦しみ、あがきも十分、含み込んだ上で言っているのですが。

ピアニストで指揮者のダニエル・バレンボイムは、オーケストラの演奏について、こう語っています。

「音楽の本質に対する最悪の罪は、それを機械的に演奏することだと思う。（中略）たとえふたつの音符でさえも機械的に演奏してはならないというのは、すなわちオーケストラ奏者のプロフィールは、一人ひとりみな異なっているということだ。オーケストラ奏者の態度として最悪なのは、非常によく準備ができていて、完璧に演奏することができるのだけれども、個性というものをまったく欠いているというものだ」と。

一人ひとりがみな違う存在であること。そのことを互いに承認し合えているということ。このことは、社会での暮らしや活動においてもとても重要なことです。

ここでもうひとつ、越後妻有《えちごつまり》や瀬戸内の芸術祭を企画・運営してきたアートディレクター、北川フラムさんの言葉も引いておきたいと思います。彼は近著『ひらく美術』（ちくま新書）の中で、美術についても同じことを言っています。

「美術は人と異なったことをして褒められることはあっても叱られることはありません。美術は一人ひとりが異なった人間の、異なった表現だと考えられているからです。それぞれ違う一人ひとりが一緒に生き、何かをやっていくことは大変手間のかかることです。だから尊いのです」と。

そして高らかにこう続けます。

「美術、芸能だけが『人と違って褒められる』ことがある唯一のジャンルです。ここに美術の栄光があり存在価値があります。（中略）いまこの瞬間に地球上に72億人の異なった人がいるという、厳粛で微笑ましい事実が美術の思想的基盤なのです」と。

バレンボイムと北川フラム、このおふたりがたまたまことばを揃えて言っているように、一人ひとりが異なる存在であること、このことはいくら強調しても強調しすぎるということはありません。誰をも「一」ととらえ、それ以上とも以下とも考えないこと。これは民主主義の原則です。けれどもここで「一」は同質の単位のことではありません。一人ひとりの存在を違うものとして尊重すること。そして人をまとめ、平均化し、同じ方向を向かせようとする動きに、最後まで抵抗するのが、芸術だということです。

その意味で芸術は民主主義の精神ときわめて近いものなのです。先ほど引いたバレンボイムはこうも書いていました。

だから「民主的な社会に暮らす方法を学びたいのならば、オーケストラで演奏するのがよいだろう。オーケストラで演奏すれば、自分が先導するときと追従するときがわかるようになる」、と。「他の人たちのために場所を残しながら、同時にまた自分自身の場所を主張する」そういうこともできるようになるというのです。

そういう意味では、芸術は何か人々の鑑賞にたえる美しいものを創り上げる活動というよりは、日々の暮らしの根底にあるべきひとつの〈態度〉のようなものかもしれません。死者をどう弔うかという態度。他者の悲しみにどう寄り添うのかという態度。人々とどう助け合うのかという態度。政治的なものにどう参加するのか、さらには自分自身にどう向き合うのか、生き物としての、あるいは身体としての自分の存在にどう関わっていくのかについての態度、それらを貫くひとつのたしかな〈態度〉として芸術はあるのです。

よく言われるように、芸術が国家よりも古い《人類史的》な営みであるというのは、それがどんな時代にあっても人々の暮らしの根底で働きだしてきたからです。それを深く経験しはじめているみなさんには、これからどのような場所で、どのような職業を通じて芸術に関わり続けるにしろ、芸術をつうじて、同じ時代を生きる人々の歓びや悲しみ、苦しみに深く寄り添い、どんな苦境の中でも希望の光を絶やさぬよう、力を尽くしていただきたいと思います。

美術学部の人なら、アーティスト、あるいは学校の教員、美術館の職員、さらには企業の広報やデザイン部門、ＮＰＯのメンバーなど、これから就かれる仕事はさまざまでしょう。音楽学部なら、演奏家、伴奏者、音楽イベントのプロデューサー、そして照明や音響の技師、音楽科の教師、さらには企業、ＮＰＯなど、数々の職に就かれもすることでしょう。あなた方がこれからどんな仕事に就かれるにしても、この大学で芸術に一度、寝食を忘れるまでにとことん取り組んだ経験は、これまで申し上げたような意味で、このあと必ず大きな財産になると信じています。

みなさんの未来に芸術の深い慈しみの光が射し続けることを祈って、以上、私からの祝福のことばとさせていただきます。みなさん、どうかお元気で。

第5章

年齢フリーのチャイルドファースト社会へ

タバコから子どもを守ろう

出口　僕は、前の職場で連続6年間国際業務に就いていたことがあります。そのうち3年間は海外で暮らしてきたのですが、そのとき思ったのは日本ほど酔っ払いや喫煙者に寛容な社会はないということでした。それほど悪いことではないのかもしれませんが、あまりにもアンバランス。最近は喫煙にも厳しくなりましたが、近くに赤ちゃんがいるのに平気でタバコを吸う人は、本当に迷惑です。

駒崎　2020年にオリンピック・パラリンピックを開催するというのに、これでいいのかと思うくらい、あり得ないほどの喫煙天国ですよね。

タバコは副流煙の害が深刻で、両親が喫煙している場合、子どもの突然死の確率が4・7倍（1997年 厚生省「心身障害研究 乳幼児死亡の防止に関する研究」）に激増します。だから、フローレンスで預かるお子さんは、親御さんが喫煙していないことを条件にしています。なぜなら突然死は防ぎようがないので、そんなリスクは負えません。

受動喫煙だけではなく、タバコを吸ったあとの呼気、衣服や部屋に残留した成分が有害な化学物質を放出するサードハンドスモーク（残留受動喫煙）についても、健康上悪影響を及ぼすという実証データがあって、特に乳幼児への悪影響が心配されています。

それくらい子どもにとっては危険だということを、強く意識してほしい。ファミレスなどでの「分煙」とは名ばかりの曖昧な席分けも、理解できません。まったく意味がない。仕切りのない部屋では、どうしたって煙は流れてきますし、先ほど話したサードハンドスモークから逃れられません。あれは罰則をつけてほしいくらい、子どもに対する害です。

出口　フローレンスでは、社員の採用条件に「喫煙習慣がないこと」を明記しているんですよね。

駒崎　はい。喫煙には中毒性があるので業務効率の面から、まったく好ましくないですし、また一緒に働く社員の健康を願う観点からも推進しているんです。

出口　それにしても、条例などで禁止されている路上喫煙を平気で行うような大人のおじさんに対して、世の中が甘すぎますね。

駒崎　彼らがマジョリティ、かつ社会の仕組みをつくっているからですよね。

出口　でもそこは、厳として世界標準に合わせていくべきです。飲酒にしても、少なくともグローバルな基準で考えたら、酔っ払って地下鉄の中など公共空間でくだを巻いている様子を職場の人に見られたら、すぐにクビですよ。

駒崎　タバコ休憩なんていうのも、おかしな慣習ですね。タバコなら休憩を許されるのに、普通の休憩は許されない。

出口　きわめて歪んだ社会構造です。

この社会の歪みを正すためのひとつの方法は、いろいろなわが国社会の慣行について、数値化して、OECDの平均と比べること。OECDは先進34ヶ国の集まりです。多くの国がやっていることは、基本的に真っ当なことだと考えます。他国と比べて、日本の社会はどう違うのか。データで比較して世界の現実を知ることが、とても大事です。

例えば、LGBT（レズビアン、ゲイ、バイセクシャル、トランスジェンダーの総称）の問題について言えば、G7の中で同性婚を認めている国が4ヶ国、国としてのパートナーシップを認めている国が2ヶ国。残る日本は、渋谷区、世田谷区、伊賀市（三重県）、宝塚市（兵庫県）のわずか4つの自治体が、パートナーシップを認めているにすぎません。

こうしたファクトを知れば、わが国が20年30年遅れているというのも、うなずけます。

子どもの声はうるさいのか？

出口　保育園を新しくつくろうとすると、周辺の住民が「うるさい」と言って反対するという問題が各地で起きています。住民と話し合って子どもを外で遊ばせる時間を減らすと

か、二重窓にするとか対策を講じていますが、子どもは本来うるさくない子どものほうが、おかしいのです。うるさく

僕が自治体の責任者なら、「自宅を二重窓にされたらどうですか」とか、「引っ越しをしていただいても、けっこうです」と言ってしまいそうです。「子どもの遊ぶ声がどこからも聞こえない、死んだような静かな公園と、元気な子どもの声がいつも聞こえてくる公園と、どちらがいいですか」と。「レイチェル・カーソンの『沈黙の春』を読んでみてください」と。

駒崎　ドイツでは騒音が原因で、ある幼稚園が閉園に追い込まれました。それに抗議した親たちの活動が実を結び、まずはベルリンで条例化、そして全ドイツにおいて「子ども施設の騒音への特権付与法」が成立しています。これによって、子どもの声は騒音規定から除外されたのです。

日本では騒音が原因で閉園に……はまだありませんが、新規開設をする際、騒音問題で開設が白紙に戻るという事例が増えてきていますね。これを回避するには、どうすればいいか。ただ単に回避するだけではなく、地域の方々に理解してもらうためには、どうすればいいか。

ひとつめは、ドイツ同様、子どもの声を騒音規定から外すことです。すでに東京都は条例によって子どもの声を騒音規定から外していますが、これをドイツのように法律を作り、

全国的に行っていく。

ふたつめは、防音整備や駐車場賃貸の補助が考えられます。子どもの声や、保育園前に保護者が路上駐車してしまうことによる渋滞などは、窓の二重化や駐車場を増やすことによって、ある程度緩和できます。ただ、それを園の持ち出しですることは、財政事情的になかなかできません。よって、基礎自治体の審査を受け、該当園は補助を受けられるようにする、という仕組みをつくることは考えられます。

3つめは、仲裁機関の設置です。現在、保育園側が負担に感じるのは、クレーマーとの直接のやりとり。これを、基礎自治体や都道府県に設置された仲裁機関を介する形にすれば、負担も軽減できますし、理不尽なクレーマーの過剰に攻撃的な姿勢も抑制できます。仲裁機関は行政自らがやらずともよく、法律事務所等に委託する形で運営すれば、専門性も担保されます。

保育園は子どもだけのものではなく、地域のもの、国のものという考えを共有できればと思いますが、できることから始めていかなければ前に進みません。

出口　保育園の問題と同じことが、飛行機でも起きていますね。機内で子どもが泣いていたのを「もう少し大きくなるまで、飛行機に乗せてはいけない。赤ちゃんだから何でも許されるわけではないと思う」と言った作家には、僕は死ぬほど腹が立ちました。

そんなことを言うなら、飛行機を自分でチャーターして行けばいい。公共交通はみんなが自由に利用することが前提となっています。そして、赤ちゃんは本来泣くことが仕事です。それをうるさいと言う人は、飛行機に乗る資格がない。そういう人のことは、徹底的に間違っていると言い続けなければなりません。

泣いた赤ちゃんを抱いているお母さんに「すみません」と言わせるような社会は、絶対によくない。赤ちゃんが泣くことは、当たり前じゃないですか。「よく泣く、元気な赤ちゃんでよかったですね」と普通に笑って言うことができない社会は、どこかおかしくなっていると思います。

駒崎　僕も、新幹線で子どもが泣いていたとき、舌打ちをされたことがあります。そのとき「舌打ちをするのはよくない」とツイートしたら、炎上してしまいました（笑）。「電車というのは公共空間だ。いろいろな人と共生するのが公共空間なのだから、イヤなら車で行けばいい」と書いたら「おまえはなんだ？　人に迷惑をかけるのはよくないだろう」と言われたんです。そのとき、日本人は人に迷惑をかけることへの強迫観念的な同調性があることに気づきました。

出口　迷惑というのは、意思が備わっている成人した大人の話です。酔っ払って座席で横になって寝ているようでは、いけない。大人が人に迷惑をかけるのは、よくないと思いますよ。

でも、赤ちゃんが泣くのは何の問題もない。それは動物としてごく自然な行為です。それがイヤだというのは、社会が歪んでいると言うしかない。赤ちゃんが泣くのを迷惑と考える人間が歪んでいる、ということです。

駒崎　人に迷惑をかけないようにというのが、日本的規範ですからね。でも、そこにはひとつの落とし穴があります。

マイノリティは、いつもマジョリティの迷惑だという事実がある。保育園の子どもがうるさいという話ですが、たぶん子どもの声は20年前もいまも変わらないデシベル数だと思うんです。なぜ、いまの時代にうるさいと言われるかというと、子どもが減って、よりマイノリティになっている事実と相関していると思います。なぜなら、子どもの声を聞き慣れていない。聞き慣れないものは、うるさく感じるからです。

出口　そうでしょうね。

駒崎　今後はもっとマイノリティ化していくので、さらに問題が出てくるでしょう。でも、車椅子の人が以前はバスに乗れなかったように、マイノリティはマジョリティにとって迷惑な存在だということを一度疑うべきです。そして「マジョリティのほうがおかしいんじゃないの？」とひっくり返さないといけない。

電車の中で、ベビーカーが迷惑だという話もありますね。抑圧はいつも「人の迷惑だ」という発言から始まります。つまり、「人さまに迷惑をかけてはいけない」という正しい仮面をかぶっている。その仮面をはぎ取ると、マジョリティによるマイノリティの抑圧なんです。

この構造に意識的にならなければいけません。手を変え品を変え、問題は起きてきます。

子どもを貧困から救うために

駒崎　僕は、究極の国の成長戦略は、子どもたちへの投資だと思っているんですよ。

出口　僕もそう思います。子どもや若者たちこそが、僕たちの未来ですから。未来に投資することは、いつの時代でも正しいことです。

駒崎　でも、いまの日本では6分の1の子どもたちが貧困状態にある。信じがたい数字で、この貧困状態を一刻も早くなんとかしないといけないのですが、国は動いていません。

実際は「相対的貧困率」のラインに16%もいるんですね（図5－1参照）。相対的貧困率というのはわかりにくい概念ですが、全人口の所得の中央値を出し、中央値のさらに半分に満たない世帯を相対的貧困家庭としています。

図 5-1　相対的貧困率の推移

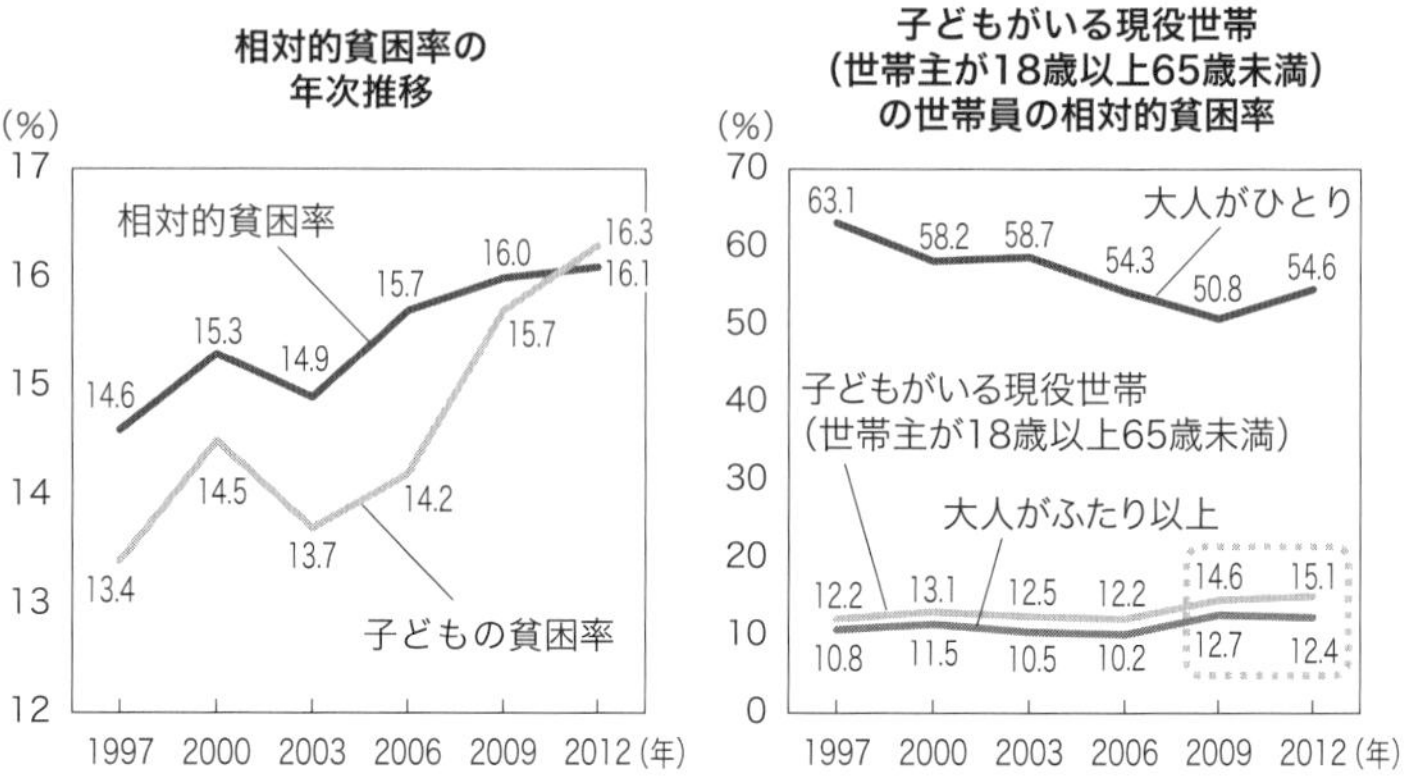

出所：阿部彩（2015）「貧困率の長期的動向：国民生活基礎調査 1985 ～ 2012 を用いて」貧困統計ホームページ

貧困ラインというのは年収122万円。義務教育の間は授業料がかかりませんが、給食費が払えなかったり、部活のバットや制服を買うことが難しくなり、それが不登校につながることもあります。

そういうところに子どもたちを留め置くことによって、日本は将来的にすごいツケを払わされることになります。すなわち、貧困状態の子たちはきちんとした教育が受けられず、塾や習い事も難しいので、いろいろなところに行く経験もできない。さまざまなハンディを負うのです。

そういう子どもたちが、将来大人になってパフォーマンスを発揮できるかというと、インプットが少ないために難しい。

日本経済はもう、安いものをたくさん作っ

て売りさばこうという段階ではなくなり、どれだけ高い教育水準で、クリエイティブに付加価値をつけられるかが勝負になっている。経済が求める人材と、われわれがやっていることがかけ離れてしまっています。

子どもたちにはたくさん投資して、どんな家に生まれても教育が受けられ、さまざまな経験ができて……という人的投資をしなければならない社会になっているのに、そうなっていない。これは、日本の未来に致命的に関わってくると思います。

出口　ＯＥＣＤ諸国と比較しても、日本の貧困率は非常に高いですね。相対的貧困率は、Ｇ７の中ではアメリカに次ぐワースト２位（図５－２参照）。大人ひとり世帯の相対的貧困率は、Ｇ７はもちろん、ＯＥＣＤ諸国の中でも最下位です（図５－３参照）。これほど貧困率が高いことを、僕たちはもっと認識しなくてはいけない。

特に、ひとり親の家庭は、50％以上が貧困家庭と言われていますね。

ライフネット生命は社員１４０人の会社ですが、シングルファーザーとシングルマザーが４～５人働いています。ある新聞記者の方から「たくさんおられますね」と言われたのですが、それは違います。ひとり親の世帯は、日本全体では約９％。１４０人の集団なら少なくとも10人以上いなければいけない計算なので、「少ない」という反応でなければおかしいのです。それなのに、なぜ多いと感じるかというと、ひとり親はなかなか正社員の

図5-2　OECD諸国の相対的貧困率（2010）

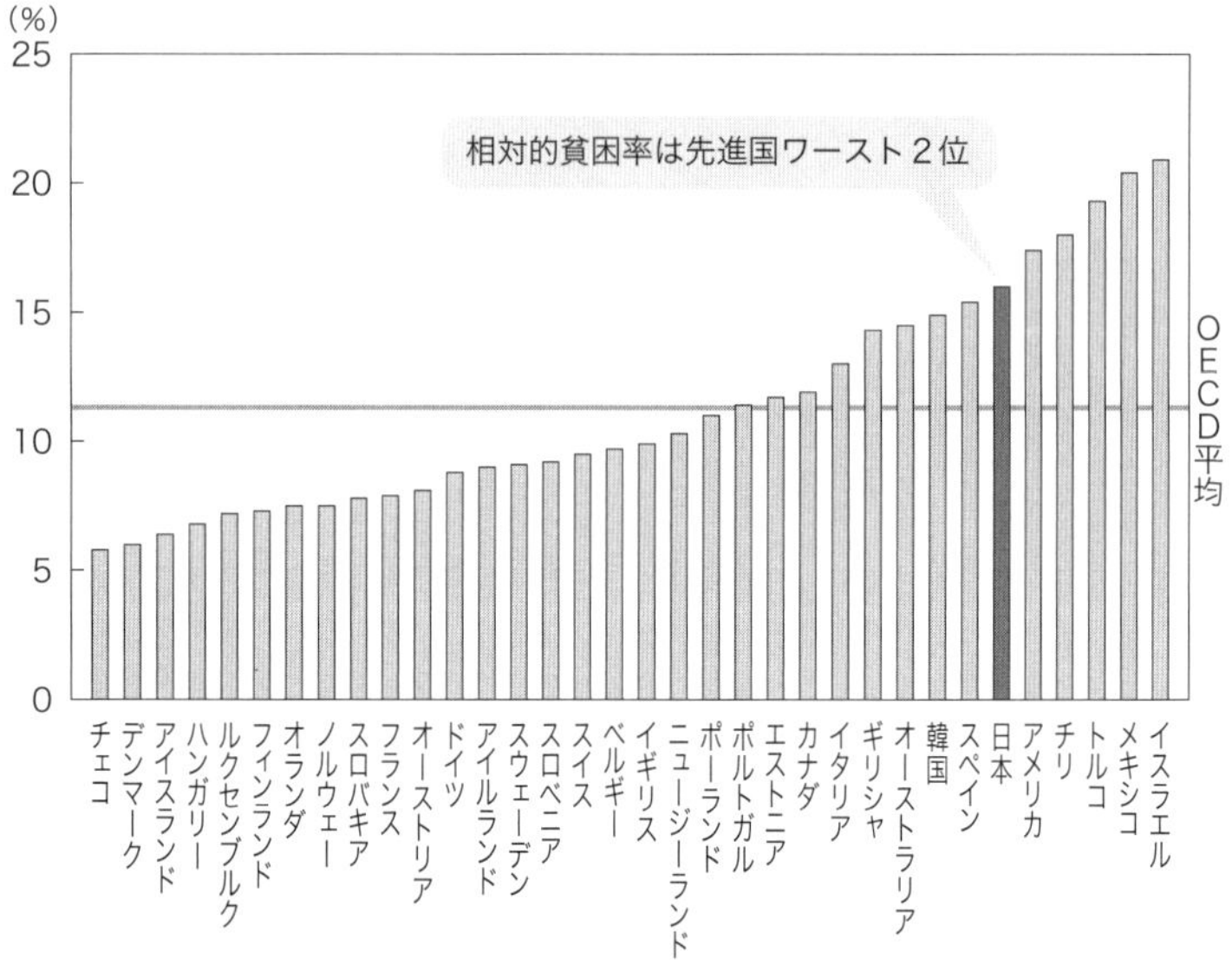

出所：OECD「Society at a Glance 2014」

仕事に就けないからです。

　ひとり親は、例えば保育園で子どもが病気になったらすぐに迎えに行かなければならない。そのため、パートやアルバイトがほとんどです。子どもの貧困問題は、単純化すればひとり親の貧困問題なんですね。だから、140人中、4〜5人しかいないのに「多い」と感じる社会常識を変えていかなければいけません。

駒崎　おっしゃる通りです。

出口　9%といえば10人にひとり。どこの職場でも10人にひとりはいるはずなのに、そうなってはいないことが大問題です。そこが、子

図 5-3　大人ひとり世帯の相対的貧困率

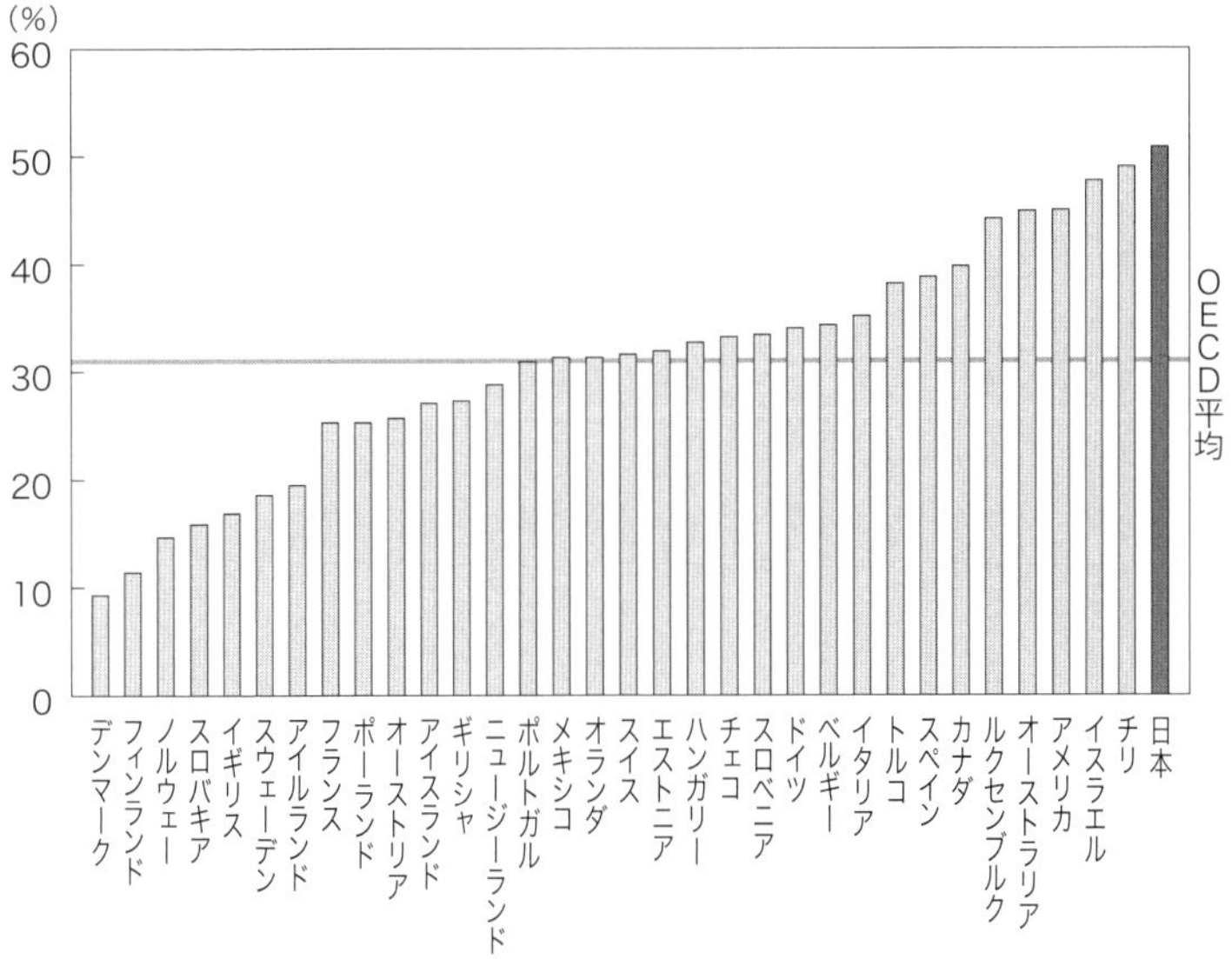

出所：OECD「Family Database 2014」

どもの貧困問題につながっているのです。

65歳以上の高齢者にお金を３万円ずつ配る余裕があるなら、よっぽどシングルペアレントにお金を配ったほうがいい。給食代が出せない人がいれば、市役所や町村役場は、せめてそれくらいは補助するシステムをつくっておくべきではないでしょうか。

駒崎　ひとり親は54％が貧困で、しかも20代のひとり親は80％が貧困状態にあるんです。

なぜひとり親が貧困になるかというと、根が深い問題があります。ひとり親の比率は、圧倒的にシングルマザーが多い。出口さんもおっしゃる通り、女性が離婚して子どもを抱えながら働こうとすると、正社員としては採用されづらい。非正規雇用という非常に脆弱な状況に留め置かれます。しかも、女性の賃金は男性の70％くらい（27ページ「図1－3」参照）。それほど違いがあるんです。

出口 「正規・非正規」「男性・女性」、ダブルの格差があるんですね。

駒崎 そうなんです。非正規で女性となると、どんなに働いても貧困になります。これが諸外国との違いです。諸外国では貧困といった場合、失業問題をなんとかしなきゃ、となります。でも日本は、ＯＥＣＤ34ヶ国の中で、ひとり親が最も働いている国です。それなのに貧困。賃金が低いという特殊な問題があるので、賃金体系に横たわる差別を解消していくことが、まず必要ですね。

出口 例えば、法人税減税を一律に実施するのではなく、「同一労働同一賃金を摘用しない企業は、税を過重する」くらいの考え方でいけばいいのではないでしょうか。これはクオータ制に近い考え方ですが。

駒崎 それは、いい考えですね。

出口 要するに、男女の賃金格差をつくっているような企業は、法人税減税の対象にはしないことにする。それくらいの荒療治をしなければ、この社会の構造的な問題は、なかなか解決できないでしょう。

子どもの貧困は、日本で一番緊急度の高い課題です。子どもは社会の未来です。子どもの貧困をそのまま放置しておくのは、未来を壊していることに、ほかなりません。それを恥ずかしいと思わなければなりません。

駒崎　ここ数年、子どもの貧困問題解決に向けて、各地で民間やＮＰＯによる実践が始まっています。そのひとつが「こども食堂」です。月に数回、地域のボランティアを主体に、みんなでごはんを作って楽しく食べるというシンプルなものですが、ひとり親家庭や機能不全家庭の子どもたちに伴走していく、優れた仕組みとして注目されています。料金はこども食堂によって異なりますが、無料のところから、有料であっても数百円程度です。

出口　こども食堂は最近テレビや雑誌などで、よく目にします。かなり増えてきた感じがしますね。

駒崎　ええ。ずいぶん増えてきました。

子どもたちの中には、１日１食で過ごす子どももいます。また、ひとり親家庭で、親が夜も働かざるを得ず、ひとりでごはんを食べている子どももいます。他にも、経済的には問題がなくても子育てに悩みを抱えている親がいるかもしれないし、学校や家庭で生きづらさを抱えている子どももいます。

こうした子どもや親、そして親子が、いつも行政の担当窓口に相談に来る、ということはありません。むしろそうした行政支援窓口というのは、敷居が高く遠いものです。

こども食堂には、「誰でも来ることができて、ごはんが食べられる」という敷居の低さ、手軽さ、楽しさで人が集まります。問題を抱えている人も、いない人も。

そしてその中で、ちょっと相談したかったり、相談までいかなくても愚痴をこぼしたり、ただつながりあったりすることで、地域でゆるい絆をつくっていくのです。それが、小さなセーフティネットとなればいい。

ボランティアの方々がごはんを作り、食材も地域のスーパー等から物品寄付してもらえることもあり、限りなくコストセービングに行えるところがモデルとして優れています。ただ、これ「だけ」だと支援が点になる可能性があるので、学習支援や学童、一時預かりやトワイライトステイ（親が仕事や通院で夜不在の場合、子どもを預かる仕組み）等とつないでいく必要性があると思います。

全国でこういった取り組みが増えるのは、いいことですね。でも一方で、社会福祉協議会や行政機関は、もっとこうした地域の実践と密に連携しなくてはならないにもかかわらず、関与が薄い。そんな中、今年度から北九州市が自治体として初めてこども食堂を開設するというニュースを聞き、少しホッとしました。子どもの貧困問題への首長のリーダーシップは非常に重要なので、北九州市に続く自治体が出てほしいですね。

「ばらまき」ではない再配分を

駒崎　子どもの貧困については、労働と再配分ということが課題です。つまり、給付金が少ないんですよ。ひとり親への「児童扶養手当」は、第1子で最大4万2千円。最大と言ったのは所得によって違うからですが、ものすごく貧困な状況にないと、このお金はもらえません。第2子になると、急に減って5千円になります。

出口　フランスは逆に増えていくのですが……。

駒崎　そうです。第3子はさらに減って3千円でしたが、さすがにおかしいということで、昨年ロビイングをして、1万円と6千円に倍増しました。安倍首相も所信表明演説で「倍増しました」と言っていましたが、その程度で胸を張られてもね。

ただ、第2子の給付金が増額されたのが36年ぶり、対象世帯が43万世帯にのぼるということで、ひとり親の生活改善という意味においては、意味のある一歩になったと思います。

しかし実際の貧困率の削減インパクトを見ると、ひとり親の貧困率が54％なのに対し、0・9％の削減インパクトにすぎないのです。また、対象世帯も子どもふたりめが約33万世帯、3人め以降が10万世帯と、手当てを受けるひとり親世帯の4割でしかない、という点も課題です。

出口　せめて第2子、第3子も同じ額にするとか、子どもが増えればそれだけで大変なので、むしろ増やそうという発想に変えていかなければいけませんね。

駒崎　そうなんですよ。出口さんが例に出してくださったフランスでは、シングルマザーでも子どもが3人いれば、それだけで一応食べていけるくらいの再分配システムになっています。フランスでも再配分前は日本より貧困率が高かったのですが、再配分が機能してからは貧困率が低くなっています。

「子どもベーシックインカム」という言葉があるのですが、子どものいる家庭の所得の最低レベルはここことラインを引いて、そこよりも低ければ埋めるために再分配すべきだと思います。

出口　本当ですね。給食費や修学旅行などは、親の所得に関係なく一定の金額がかかります。ふたりめ3人めは給付額が減りますが、だからといって、ふたりめから給食費や修学旅行の費用が安くなるわけではありませんからね。

駒崎　よく、給食費の議論は、お金を持っているのに払わないわがままなモンスターペアレントの話だと片づけられてしまうのです。もちろん一部にはそういう人もいますが、非常に少ない。つぶさに見ていくと、やはり貧困問題が横たわっている。それなのに、「どうせ、モンスターペアレントが騒いでいるのでしょ」という話で終わってしまうのは、ゆゆしき問題です。

出口　生活保護も同じですね。どんな制度でも悪用する悪い人はいる。でも、大事なことは、悪い人が何%いるのかということです。生活保護の受給者のほとんどは本当に困っている人です。わずかしかいないとんでもない人の例を挙げて、「制度自体がおかしい」と言うのは、木を見て森を見ない議論の典型で、アジテーター以外は決してやってはいけないというのが、世界の常識です。

駒崎　生活保護を不正に受け取っている人は、だいたい2・4%（2011年度 厚生労働省）なんですよ。一方で、生活保護の水準以下しか収入がないのに、もらっていない人が70%です。率が全然違う。データを見て考えると、圧倒的にどちらが問題かわかりますよね。

ところで今回、児童扶養手当の増額に隠れてはいますが、もうひとつ前進したことがあります。

それは、4ヶ月に1回の児童扶養手当の「まとめ支給」について国会内で議論されたことです。民進党が出した「毎月支給案」は否決されたのですが、厚生労働委員会の附帯決議（法的拘束力はないが、今後詳細を詰めていくときに気にしなければならない視点や方針の表明）には「支給回数を含め、改善措置を検討する」などの文言が盛り込まれました。

「別に4ヶ月に1回でも半年に1回でも、もらえればいいじゃないか」という指摘はあるのですが、給料の振り込みが4ヶ月に1回だったら、と考えてみるとわかるように、それは管理が非常に難しくなります。

昨年（2015年）銚子市で、公営住宅退去の日に、シングルマザーが娘を殺害したというショッキングな事件がありました。その家庭の家計調査からわかったのは、まとめ支給のため、後半はキャッシュフローが厳しくなり、家賃を滞納し、それをまかなうために闇金から金を借り、その利子が積み上がっていった、という負のスパイラルです。

年金は2ヶ月に1回、生活保護は毎月支給なのにもかかわらず、低所得のひとり親向けの児童扶養手当は4ヶ月に1回支給という現実。このまとめ支給は、確実にひとり親の生活にダメージを与えているのです。

出口　制度は利用する人の立場に立ってつくらなければ意味がないし、不備があればその都度直さなくてはいけませんよね。

ところで誰かが「生活保護受給者が増えているのは怠け者が多いからだ」と話していましたが、それは違います。単に高齢者が増えているからです。高齢者で低年金、無年金の人が増えているから、代わりにそこを生活保護で補っているのです。こうなると、また厚生年金の適用拡大の話に戻っていきますね。

年金保険料を支払ってこなかった人たちは、体が動くうちはいいのですが、動かなくなって万策尽きると生活保護に助けを求めてくる。年金のしわ寄せが、生活保護受給者の増加をもたらしているだけで、生活保護の問題は年金制度の問題でもあるのです。

駒崎　そうなんですよね。生活保護の受給者は、５割が高齢者、３割が疾病障碍者、あとの２割にシングルマザーなどが入ってきます。しかし、シングルマザーは生活保護を受けることを非常に嫌がります。国民性だと思うのですが、もらうと人生が終わったように思われるから、風俗で働くほうがいいと言う人までいます。

出口　それは明らかにいきすぎだし、異常ですね。生活保護を受けるのは何も本人が悪いからではなく、さまざまな理由があるわけで、誰にでも起こり得ることです。堂々ともらって生活を立て直せばいいわけですが、もらっている人を「怠け者だ」と言う社会の同調圧力が、そういう人を追い込んでしまう。

駒崎　だから、ひとり親の貧困状態が、子どもの貧困につながってくるわけです。

解決するためには、やはり給付金が望ましいでしょう。ただ、日本では現金給付は嫌われています。なぜかというと、民主党政権時代に「子ども手当」がありましたが、「ばらまき」という批判でつぶされました。子どものいる世帯に再配分しようとした発想は間違ってはいなかったと思いますが、所得制限をしてもよかったのではないかと思います。

それにしても、日本の家族関係支出は他国と比べると、圧倒的に低いんですよね。フランスの半分以下、イギリスの約3分の1程度です（55ページ「図2－3参照」）。「そりゃ少子化になるのも仕方ない」というくらい、明らかに資源を投入していません。

出口　これはもう一つひとつ、数字とファクトとロジックを積み上げて、徹底的に議論をして、向き合っていくしかないでしょう。先進国の中では、子どもに関する予算が対GDP比で少ないというのは明白なファクトなので、「これでいいのですか？」と数字を挙げて問い続けていきましょう。

駒崎　本当にそうですね。ところで、改正児童扶養手当法が成立しても、ひとり親の貧困率は0・9％しか削減されないことは述べました。では、どうやったらもっと貧困率が削減できるのか。

それに対しては、「養育費の支払い率向上」と答えたいと思います。

別れた配偶者から支払われる養育費の支払い率は、日本では20％。アメリカは70％です。あまりにも低い。そうなってしまう最大の原因は、支払わなかったときの罰則がないためです。下品な言い方をすれば「バックれ放題」と言えるでしょう。アメリカでは、養育費を支払わなければパスポートや免許証が取れなくなったり、士業は開業できなかったりする、という罰則が大きく機能しています。だから、日本でも滞納時の罰則規定を設けるべきでしょう。

また、別れた配偶者からの振り込みでは不安定なので、裁判所が企業と連携し、給与から天引きするシステムを構築することも重要です。

さらには、配偶者が何らかの事情によって養育費が払えなかった際に、失業保険のように、一定期間は国が養育費の一部を支払う仕組みをつくる必要もあるでしょう。突然収入源が絶たれると、ひとり親の環境は激変します。

離婚したら即貧困、という社会。特に女性がその割を食う社会は、あまりにも不公正です。親がふたりでも、親がひとりでも、親がいなくても、どんな境遇に生まれようと、子どもたちが等しく機会を得ることができ、笑って暮らせる日本社会に、僕たちはしなければなりません。

出口　離婚してもふたりの親には子どもの扶養義務があるのですから、行政や司法が間に入って、養育費は必ず回収するシステムを早急に確立すべきです。この点では、アメリカを見習うべきです。

給付型奨学金か大学の無償化を

駒崎　日本は教育費の公的支出も、ＯＥＣＤの中ではワースト2位（図5－4参照）。これは本当に致命的で、少子化にもじわじわ効いています。子どもひとりを育てあげるのに2千万円かかるというと、誰もがしり込みしますよね。そのうち半分は大学に関する費用なので、奨学金という形で配って、大学にかかる負担を下げなければいけないと思います。

出口　それとも大学を無償化するか、どちらかでしょうね。あと、大学の先生方の間に競争がないというのも、大きな問題のひとつですね。

日本では一度大学の先生になれば、それで一生安泰と言われています。海外の大学では、先生は学生などから常に厳しく評価されています。

駒崎　僕は、ダメな先生はキックアウトしてどんどん競争すればいいと思いますが、一方で大学は学ぶ者のギルド（自治団体）から発生した、先生が民主主義的に自治していく組織でもあります。

出口　それはそれでいいと思いますが、先生方のポジションや給与は、極論すれば学生の投票で決めてもいいのでは？　講義やゼミナールごとに投票（例えば5段階評価）して、そ

図 5-4　各国の政府支出における教育関連支出の割合

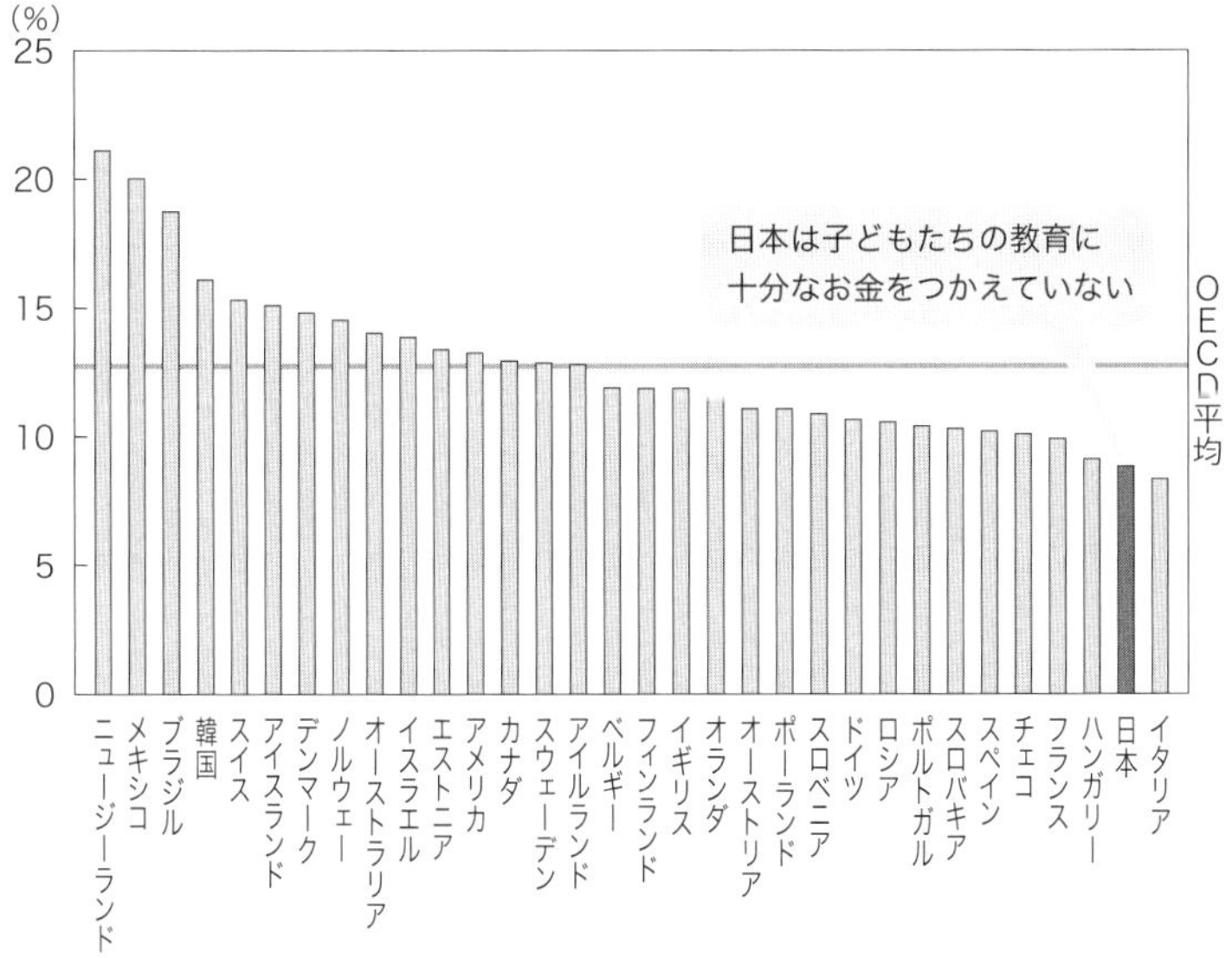

出所：OECD「Education at a Glance 2013」

の累計を求めるのです。教えるのが下手で、学生の人気がなければ、ポジションも給与も下がる。でも、大学は教育だけではなく学問の研究という大切な使命もある。大学の役割は研究と教育が半々なので、給与の半分は学生の評価を参考に決めることで、バランスがとれるようにも思います。

駒崎　たしかにそうかもしれません。民主的でありすぎるために、変革もリーダーシップもとれないのが、いまの日本の大学です。おそらく、国立大学が変わるのは一番最後でしょうね。でも目端の利く私立大学は、少子化で生徒が来なくなるから変わっていくでしょう。おそらくマーケットメカニズムによって、淘汰されていくと思います。それはある程度仕方がないことです。

出口　どんな組織でも、つぶれるかもしれないという危機感があれば、頑張るエネルギーもわいてきます。例えばJALも、親方日の丸のときは必ずしも評判はよくなかったけれど、最近はずいぶんサービスもよくなったように思います。

駒崎　そういうことですよね。危機感を大事にすること。いまは私学助成金が大学に直接入っていますが、それは大学をただ生きながらえさせるものなので、学生の奨学金に切り替えたほうがいいと思うんですよ。

出口　たしかに私学助成金は、学生の奨学金として渡す仕組みに変えたほうがいいかもしれませんね。現金じゃなくていい。バウチャーにして、学生は自分が選んだ大学や先生にそのバウチャーを渡すのです。それを大学が換金する。大学の教育費用の半分くらいは、このシステムに変えてはどうでしょうか。

駒崎　いい考えだと思います。一方で学生を「お客様」にさせないスタンスも重要なのと、研究機関としての大学には、違った形のお金の入れ方も必要でしょうね。

それに加え、やはり給付型の奨学金制度もぜひつくってほしい。

日本は諸外国と違って教育費用が高いので、経済的な要因で学びたくても学べない子どもがいて、そうした子どもを助けるためにも、奨学金が必要です。

２０１３年の全国学力テストを分析すると、世帯収入が低い家庭は、そうでない家庭よりも、正答率が20％も低かったというデータが出ました。家庭の経済格差が学力格差を生んでいることが、明確にわかります。こうした事態を解決するために、奨学金、特に給付型奨学金が必要です。

日本の奨学金の実態は学生ローンという借金（貸与型）で、卒業時は借金まみれになります。昔だったら正社員でひとつの会社に勤め続けられていたので、15年くらい頑張ればなんとか返せていました。でもいまは非正規雇用が４割で、どうやっても返せなくなってきています。

他の先進国を見てみると、大学は無償か非常に安価です。有償でも給付型奨学金があることで負担が軽くなっていますが、有償なのに給付型奨学金がないのは、なんと日本のみ。天然資源に恵まれず、人材が唯一の資源である日本は、人的投資をどこの国よりも一所懸命やらないといけないはずなのですが、公的教育支出は非常に少ない。ここにこそ投資しようよ、と思うわけです。

「どこからそんな財源が？」と思われるかもしれませんが、財源はあります。その一案として、休眠預金があります。

みなさんの銀行預金は10年放置していると、休眠預金となります。昔のお年玉を入れていた口座、どこへいったかな、っていうあれです。

休眠預金は銀行の雑収入として処理されますが、その額、毎年約1千億円。イギリスや韓国等では、このお金を「返して」という場合は預金者にいつでも返しながら、それでも永久休眠化してしまうお金が大半なので、社会福祉や奨学金に活用しています。

この方法だと誰も傷つかず、貧困状態にある子どもたちを助けることができるのです。休眠預金の1割である100億円でもつかえれば、年間100万円を1万人の子どもたちに奨学金として給付できます。これは例えば、児童養護施設の卒業生全員が進学できる計算です。

給付型奨学金を実現して、困窮している子どもたちに学ぶ機会をつくること。それがわれわれ大人の果たすべき責任だと思います。

出口　給付型奨学金はひとつのアイデアですが、大学の無償化とどちらが効率的かは、よく考える必要があるでしょうね。

養子は日本の伝統

出口　欧米では養子を育てることがごく普通に行われています。人間は、人間を育てるのが一番上手なんですよ。犬や猫を育てることより、ずっと人間を育てるほうが得意です。

ところが、日本では養子というと少なからず偏見があるわけです。血のつながりにこだわり、子どもの代わりに犬や猫をかわいがったりしています。でも本当は、もっと養子を自然に受け入れることを社会が考えていくといいですね。

駒崎　血のつながりがないと、かわいがれないというのは矛盾しています。犬や猫、超かわいがってるじゃん。血どころか、DNAまで違うのに（笑）。

出口　子どもを育てたければ、世界中から子どもを養子にもらってくればいい。移民の受け入れより、そのほうがはるかに抵抗が少ないでしょう。0歳児から育てれば、日本語を話す立派な日本人に育ちます。

駒崎　保守派の人が「養子の伝統など日本にはない」と言いますが、これも大間違いです。江戸時代の武家や商家は、みんな養子ですよ。日本では血のつながりを大事にしたことはほとんどありません。大事なのは、家だったんです。

家という共同体が大事だっただけで、血は関係ない。それなのに「日本には養子の伝統がなくて」などという発言が多いことに、笑ってしまいます。

出口　日本の伝統などという表現を好む人のほとんどは、戦後社会の反対概念として、明治時代のことをぼんやりとイメージしているだけなのです。しかしそれ以前に日本には、1000年を超える長い伝統があり、歴史があった。歴史をひもとけば、じつは日本はとてもおおらかな国で、養子もたくさんもらっているし、移民も受け入れ、夫婦別姓でやってきた。そういう当たり前のファクトを、素直に直視しなければなりません。

駒崎　僕はおおらか、かつ懐の深い日本を、かつての日本だと思っています。だから、日本の伝統に回帰しよう、あるべき姿に戻ろうと思います。

虐待死を防ぐには

駒崎　養子については「特別養子縁組」という、子どもの人権を大事にして養子縁組をする制度があります。これは赤ちゃんの虐待死を防ぐ効果もあります。

先日衝撃的なニュースがありました。虐待で亡くなる子どもの数は、いままで年間100人ほどだという統計があったのですが、司法解剖されず変死で片づけられている子たちがカウントされていなかった。ちゃんと見ると、どうやら300件以上あるというのです。つまり、1日ひとりの子どもが虐待で死んでいるんです。そういう国だということを、おそらく多くの人が認識していないでしょうし、対処する制度はありません。

図 5-5　死亡した子どもの人数と年齢（心中以外）

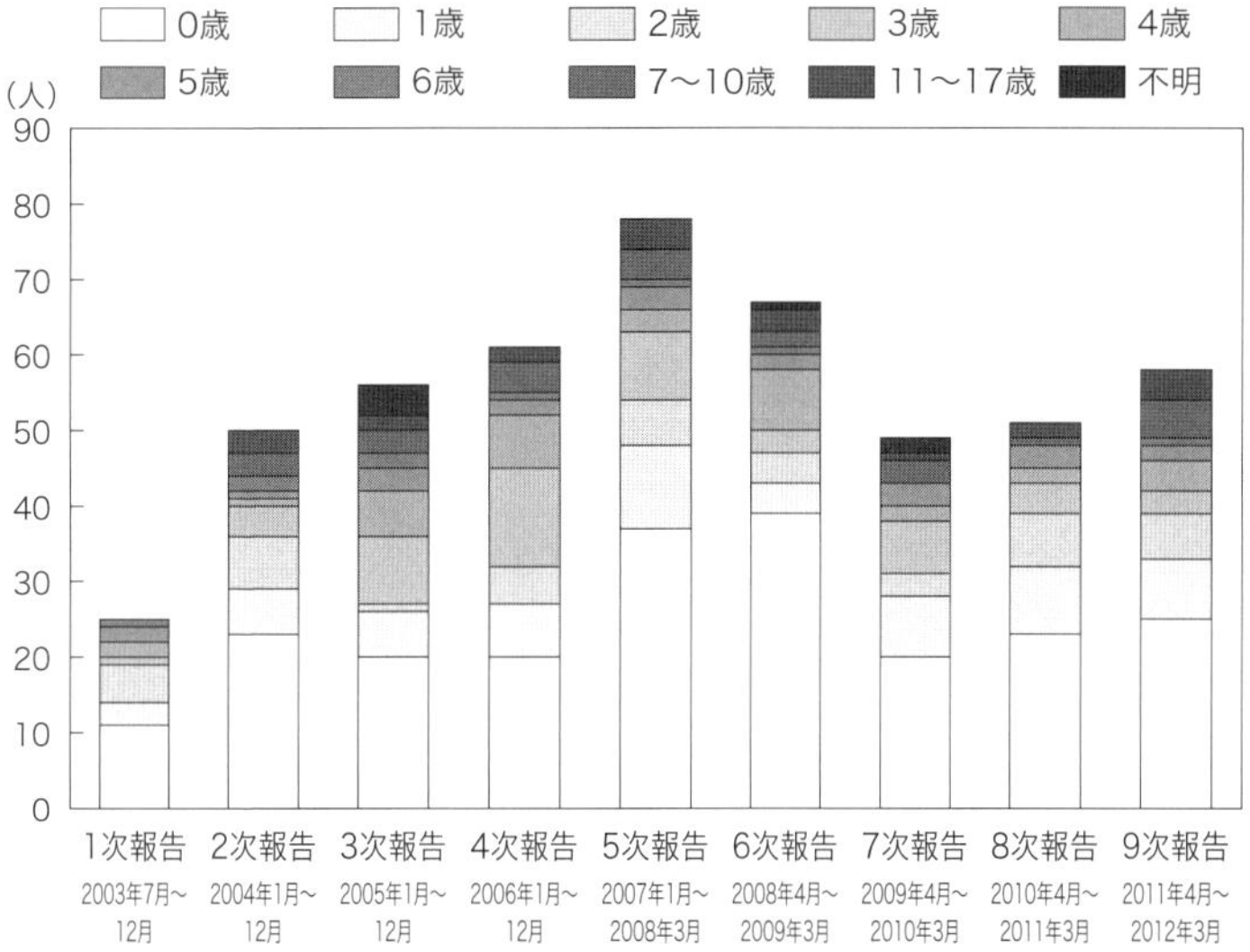

出所：子ども虐待防止 オレンジリボン運動ホームページ

そして２０１３年３月までの約10年間、虐待で亡くなった子どものうち44％が０歳児（厚生労働省）、という衝撃的な数字をどれくらいの人が知っているでしょうか。

出口　これは、親が必ずしも極悪非道ということではなく、経済的社会的に困難な状況に追い込まれているということもあるでしょうね。

駒崎　その通りです。望まない妊娠や、性暴力での妊娠で、お母さんがうつ状態になっているケースもある。

出口　虐待死させる親が、とんでもなく悪い親だという単純な話では、おそらくないのでしょう。背後には、社会的な問題が横たわっているのかもしれません。

駒崎　しかし、たとえ親がどうしようもなくても、子どもが殺されていいかというと、そんなはずがありません。どんな状況で生まれても、家族と出会えるように。それは血がつながっていてもいなくてもいいと思います。

フローレンスでは「赤ちゃん縁組」という事業を立ち上げました。「赤ちゃん縁組」は妊娠期から課題を抱える妊婦の相談に乗り、出産と同時に、子どもを望む育ての親に託す取り組みです。愛知県において30年前に試され、実際に多くの赤ちゃんを助けています。しかし、「児童相談所の多くは、より命に直結する児童虐待への対応で人手が足りない」(厚生労働省担当者)ことなどが理由で、この取り組みは愛知県以外に、十分波及していません。

そのため、これまで赤ちゃん縁組の広がりを担ったのは、心ある産婦人科医や福祉関係者たちでした。ほとんど手弁当で民間ボランティア・NPO団体を立ち上げ、赤ちゃん縁組を少しずつ広げていったのですが、民間の赤ちゃん縁組団体は、全国にまだ10団体弱。行政からの支援はまったくなく、どの団体も運営に苦心しています。

「赤ちゃん縁組」とは、子どもを家庭に迎えるための制度のうちのひとつ「特別養子縁組」という制度を事業として運営するものです。子どもを家庭に迎える制度は、「特別養子縁組」の他に「里親」などの制度がありますが、育ての親が子どもと法律上も親子関係を築き、実の子同様に子育てを行うのが「特別養子縁組」。

僕は特別養子縁組という制度を通じて、望まない妊娠で産まれてくる子どもも、生後すぐに温かい家庭環境で、心身とも健やかに育ってくれれば本当にうれしい。

出口　子どもは社会の宝という発想になれば、子どもが決して親の持ち物ではないことがわかるでしょう。

駒崎　じつは子どもの虐待については、通告数も右肩上がりに増えています。ところが、本当に虐待が発見されても、日本の場合は「親権」が足かせになります。

日本の民法では、子どもは親の所有物ということになっていて、子どもの人権を軽んじているんですね。親権を停止する、親権をはく奪する、というのは非常に難しく、年間20件ほどしかありません。

ところが、ドイツでは5万件あるんです。ここには思想の違いがある。子どもの命の危険があった場合、「あなたに親の権利はない」と言って親権をはく奪し、まず子どもを守るのです。子どもの人権のほうが優先されるのですね。親が更生したら戻してあげるけれど、そのためのハードルも設けられています。

ところが日本では、子どもは親の所有物ですから、親権はく奪のハードルは異様に高い。

出口　親権の概念を、もう一度根底から考え直すべきですね。僕は親権の本質は「動物として子どもをちゃんと育てる義務」だと、とらえています。唯一、親にできる権利があるとすれば、それは子どもの名前をつけることぐらい。あとは、育てる義務しか残らないのではないでしょうか。

駒崎　そうなんです。どちらかというと、権利というより義務です。

出口　親権ではなく、親義務。共同親義務です。そのベースは扶養義務で、教育に必要なお金をきちんと払う義務です。それを最優先にすることが必要でしょう。

駒崎　先日も、中学生が虐待で自殺に追い込まれてしまいました。本人が助けを求めていたにもかかわらず助けられなかった、本当に悲しい事件です。

今回の事件でも、虐待した親は一切逮捕されません。なぜ家庭内の暴力だと逮捕されないのか。僕が普通に歩いていて、出口さんを殴ったら逮捕されるじゃないですか。でも、家庭内だと逮捕されないんです。「どういうこと？」と思いますね。

出口　それは、この社会の悪しき集団主義。悪しき家父長制のもたらしたものだと言うほかないですね。

駒崎　日本は親権が強いので、親が裁判を起こすと児童相談所が負けてしまう場合もある。でも、もっと踏み込んで、ダメな親の親権は叩き切って、ちゃんと保護していかなければ。

子どもの幸せを一番に考えないと、絶対にダメです。

チャイルドファースト社会に

駒崎　これだけ少子化で子どもが貴重だと言っているのに、虐待で命を落とす子どもは後を絶ちません。命を落とさないまでも、幼少期に虐待を受けた場合、死ぬまで影響がある。これは年間4兆円の損失と言われるくらい、社会的損失が大きいのです。

なぜなら、小さいころに虐待をされると、心の形成がうまくできず、コミュニケーションの取り方がわからなくて人を傷つけたり、自分が親になったときにまた虐待をしてしまうからです。負の連鎖が続くんです。

出口　もとを絶つ、という意味でも子どもに集中投資しなければいけないですね。

駒崎　親は二の次、三の次。チャイルドファーストで保護しなければいけないと思いますが、実際にはかなりひどい現場もある。

例えば、虐待された子を親から引き離してかくまう一時保護所では、虐待にあった子と非行した子が一緒に収容されているケースもあると言います。

出口　そんなことをしたら、非行した子が虐待された子をいじめるだけでしょう。

駒崎　そうです。すぐに想像がつく話なのに、そういう現実が放置されています。しかも、子どもたちに言うことを聞かせるために、何かしたら「グラウンド１００周！」みたいなルールで縛っている一時保護所もある。「いつの時代ですか？」という話ですよ。

出口　そういう場所こそ、リテラシーの高い優秀な人を置かなければいけないですね。あるいはＮＰＯやＮＧＯが手厚くサポートしなければいけない。

駒崎　そうです。これはわれわれの責任でもあると思います。

いまは行政がやるしかなくて、とても閉鎖的な部分がある。閉鎖された場所は、よどんでいきます。子どもの分野は、個人情報保護という名目で徹底的に閉鎖されています。児童相談所も同じで、なんとかしなければいけないと思うんですよ。

出口　情報公開はとても大事ですね。情報公開は、言うなれば太陽の光のようなもの。暗くてじめじめしているとカビが生えますが、太陽の光を当てればカビは消えます。特に恵まれない人や社会的に大変な場所こそ情報公開を徹底し、おかしなことができない社会をつくっていかなければなりません。

駒崎　児童相談所は、虐待について明らかにマンパワー不足です。児童福祉司ひとりが持っているケースが、１００ケースを超えている。欧米の基準で言うと20ケース。５倍も抱えているんです。ある児童福祉司は、リスクが高そうなところから回って、低いところには年に一度、祈るような思いで電話すると言っていました。

出口　そういうことなら、定年で仕事を辞めて時間があまっているおじさんたちに、「日本の未来そのものである子どもを守る社会運動に参加しませんか」というキャンペーンをみんなでやっていきませんか。

いま、駒崎さんが指摘された話は、僕も初めて具体的な数字を知りました。数字で聞くと愕然としますね。こういうことはどんどん発信していかないと、人には伝わりません。知らなければ行動もできません。知ることが、一番の武器となりますね。

いい政府、いい社会の仕組みをみんなでつくる

出口　僕らはいつも、社会や政府がけしからんと言っていますが、本心からそう思うのだったら次の選挙で行動して、社会や政府を変えていかなければなりません。そうしなければ日本の未来はないでしょう。

未来の社会をよくしようと思うと、結局方法はふたつしかないと思うのです。

ひとつは、「みんなで知恵を出し合い、いい仕事をして成長する」こと。社会全体の人口が減っていく状況下ではゼロ成長に近くなっても仕方がないのですが、ひとり当たりの

労働生産性や成長率をきちんと上げていくことが大切です。パイが増加しなければ、再配分もできません。少しでも成長率を上げてたくさん分配し、分配の歪みを変えることが大切です。

もうひとつは、「いい政府、いい社会の仕組みをみんなで参加してつくる」こと。社会の仕組みについては「敬老原則」は、なくしてしまったほうがいいと思います。

駒崎　敬老原則？

出口　おじいさん、おばあさん、すなわち年をとっている人を大事にするのはやめようということです。敬老原則は当たり前のように考えがちですが、よく考えてみると、これはピラミッド型社会を前提としていることがわかります。

駒崎　老人の希少性が高かった時代のことですね。

出口　そうです。1章で駒崎さんが話してくださいましたが（19〜20ページ参照）、1961年の皆保険や皆年金ができたときの人口構成を見ると、サッカーチームひとつで高齢者ひとりを養っていました。ちなみに、この年の男性の平均寿命は65〜66歳でした。11人も若いメンバーがいれば、敬老パスを1枚出しても問題はありません。11人で分担すればいいだけの話ですから。

駒崎　そうなんですよね。

出口　これがどう変わってきたかというと、11人でひとりの高齢者を支えていたサッカーチームが騎馬戦となり、いまやひとりでひとりの高齢者を支える肩車に向かっている。11人で支えていたのが３人になり、ひとり対ひとりに近づいているのです。高齢者は当時と異なり、60歳を起点とすれば、約25年生きます。僕は68歳でもう立派なおじいさんですが、若いみなさんはどう思いますか。

20年以上も肩車をするのはイヤでしょう？　歩けるのなら自分で歩いてほしいと思うでしょう？　こういう社会になったら敬老原則はやめて、年齢フリー原則に変えていく。そして、困っている人に給付を集中させるようにしなければなりません。

税金も、肩車社会になると所得税と社会保険料だけではとてももたないので、自然と消費税に切り替わっていくのがよくわかります。だって、おじいさんおばあさんにも社会を支えるために拠出してもらおうとすれば、解決方法は年齢フリー原則で全員が平等に負担する消費税しかないのです。これが、高齢先進国であるヨーロッパが歩んできた道です。

社会が変化したのだから、社会の原則も変わるべきです。敬老原則は捨てなければなりません。敬老パスなどは即刻廃止して、その代わりに「ひとり親パス」を出したほうがはるかに社会の役に立ちます。極端かもしれませんが、そういう発想に変えていかなければなりません。

そして、この年齢フリー原則（≒困っている人に給付を集中する）を支えるインフラが、マイナンバーです。マイナンバーは租税逃れを防止するだけではなく、本当に困っている人に給付を集中させるために、先進国で考えられた優れたインフラなのです。

なぜなら、より正確な所得把握が可能となるため、社会保障や税の給付と負担の公正化が図られるから。つまり、本当に手を差し伸べなければならない人を把握することができるようになるんですね。

駒崎　若い人が年老いた人を支える社会から、困っていない人が困っている人を支える社会に、ということですね。

出口　その通りです。年齢フリー原則になれば、理の当然として定年制は廃止すべきですし、年齢にかかわらず働ける間はみんなで働いて社会を支えるのが理想です。

子どもの問題を改善するために

駒崎　いま、社会で起きている子どもたちの問題や不合理は、長年続いていることが多いのになかなか改善されません。

例えば細かいことで言うと、いまだに保育園の中には「手縫いの袋を持ってきなさい」

と言う園があるんです。何の教育効果もないのに、教育の現場では「あり」とされていることが慣習で続いている。なぜなら、子育て期間というのはじつはとても短くて、保育園などは5～6年で終わるため、あきらめている人が多いからです。

子どもが熱を出す問題も、3年くらいで過ぎていく。待機児童や学童保育の問題も、入ってしまえば問題ではなくなるし、組体操だって運動会のときはおかしいと思っても、何事もなく終われば1年間は忘れて過ぎていく。子育ての問題はいつも期限が短くて、みんなが団結して、長く戦っていこうというふうにはなりません。

一方で高齢者の問題は、少なくとも15年くらいはみんな高齢者として生きるわけです。課題について、腰を据えてロビイングしやすいんですね。

子育ての問題がいつも据え置かれるのは、のど元を過ぎれば熱さを忘れて人々は声を上げなくなるから。そして人はローテーションされるので、不合理だけが残り続けます。

出口　高齢者には、お孫さんの問題を目の前に広げて、覚醒させるべきですね。おじいさんおばあさんに「自分たちが大事ですか？　お孫さんが大事ですか？」と聞くと、絶対孫だと答えますよ。

世界のさまざまな伝承などを見ると、船が沈むときに救命ボートに乗せる順番は、ほぼ決まっています。子ども、女性、男性、高齢者の順です。これ以外の順番はありません。

人間は動物で、子どもがいなかったら集団の未来がなくなるということが、よくわかっているのです。こういうファクトを常に突きつけていかないと、僕たちはつい忘れがちになってしまうのです。

駒崎　子育て支援を続けていくポイントをふたつ挙げます。

ひとつめは、のど元の熱さが過ぎた人も、子育て問題に関わり続けること。

ふたつめは、非当事者も巻き込むこと。例えば、高齢者や子どものいない人も、子育て問題に関わっていいんですよ。

「子どもがいないのに何がわかるの？」と言う人がいるかもしれませんが、子どもというのは親の子であると同時に社会の子どもです。だから、誰しもが子どもについて語っていいはずなんです。

出口　子どもは社会の宝ですからね。

駒崎　「子どもがいなくても全然ＯＫ。子育て支援の活動をしよう！」というふうになっていかないと、この問題は開かれていきません。また、当事者だけでやっていると、先ほども言ったように、人がリフレッシュしていくので前に進みません。だから、このふたつのポイントは、とても重要です。

僕たちの国の新しい未来

出口　冒頭の話に戻りますが、どういう社会をつくりたいのか。そのグランドデザインが欠けているのが、この社会の一番の問題です。

駒崎　本当にそう思います。

出口　昔のように、がむしゃらに働けばなんとかなる時代では、もはやありません。第3次産業中心の社会では、知恵を絞って新しいアイデアを出していくしか、道はない。早く第2次産業を前提とした長時間労働の悪弊から脱して、生産性を上げていかなければなりません。

目指すべきは、ヨーロッパ型の社会かなという気が、なんとなくしています。税金は高いが、社会のセーフティーネット（社会保障）が充実していて、安心して働ける。もちろん、いつでも安心して赤ちゃんが産める。短時間労働で休暇もたくさんあり、一生大学で学び続けることができる。

一人ひとりが皆違っていることが、何よりも大切にされる。年齢フリーで、もちろんチャイルドファーストの社会。

駒崎　そろそろみんな、怒るべきだとも思います。この日本に対して。

少子高齢化のスピードはものすごく速いので、もう待ったなしです。時間がありません。このままでは、日本は緩慢なる死を迎えていくでしょう。死は安息ではなく、各地で飢えや貧困がどんどん広がって汚れていき、のたうちまわってダメになっていくでしょう。そういう時代をわが子が迎えているのだというリアリティを、親の世代は感じなければいけないと思うのです。

出口　おじいさんおばあさんには、「お孫さんのことをまず最初に考えましょう」という運動を広げていくべきですね。「孫ファーストでいきましょう」というバッジを作ってはどうでしょう。普通のおじいさんおばあさんは、こういう現実を知ればバッジを付けると思いますよ。

駒崎　高齢者の方も、既得権益を望む人ばかりではありません。むしろ孫を愛しているから何かしたいと思っているのに、その方法がわからないんですよね。「若者」対「高齢者」の敵対の構図にせず、意識の高い高齢者と若者が組んで、新たな日本をつくっていく。それをビジョニングしていくことは、できると思っています。

出口　社会の敵をつくるのは簡単なこと。中国が悪い、韓国が悪い、高齢者が悪いというように。でも、対立は決して新しい付加価値を生み出しません。だから、駒崎さんがおっしゃったようにみんなを巻き込んで、子育て支援運動を繰り広げていきましょう。

おじいさんおばあさんには「日本の将来のために、お孫さんのことを考えて行動してください」というバッジを付けてもらいましょう。

駒崎　チャイルドファーストと言って。

出口　そうです。例えば敬老の日には、チャイルドファーストバッジをおじいちゃんおばあちゃんにプレゼントしよう、という運動を若い人たち中心にぜひやってほしいですね。このバッジを付けた人は、飛行機や電車で赤ちゃんが泣いても、きっと怒れないでしょうね。第一、カッコ悪いから。こういう小さなことの積み重ねが、とても大事です。

駒崎　世代を超えたうねりをつくり、「新しい、僕らの求める未来」を打ち出していくのが大事だと思います。

新しい日本というのは、出口さんもおっしゃっているように、かつての日本のように渡来人を受け入れ、障害者も受け入れ、多様性があり、おおらかで、海外にも雄飛し、成長していく、優しくて強い日本。それこそが、未来のビジョンではないかと思っています。

おわりに——怒りの声を上げよう、叫びを届けよう

ある匿名のお母さんのブログに「保育園落ちた日本死ね！」と書き込まれたのは、2016年2月中旬のこと。名もなきひとりの声から火がつき、それが国会答弁となって、デモが起こり、社会に大きなうねりが広がっていきました。

そして3ヶ月半後の6月。保育士の給与月額6千円、経験者4万円のアップが明記された「一億総活躍プラン」が成立したのです。

これは、僕らのような保育に関わる人間が、5年10年ずっと訴え続けてきたことでした。何年も放置されていた案件が、3ヶ月半であっという間に変わってしまった。一般の人が考えている以上に、保育関係者は驚いています。わずか6千円、経験者4万円という額にすぎないかもしれない。でも「打ち捨てられてきた」保育の歴史を鑑みると、非常に大切な一歩を踏み出せたという思いです。

この変化の要因は、テレビで取り上げられ、SNSで拡散されたこともあるでしょう。しかし何より大きかったのは、最初に声を上げた匿名の人がいたことです。

決して有名な人ではないかもしれない。社会的には弱い立場の人かもしれない。でも、たったひとりが叫びを上げるところから、いつも社会は変わっていきます。

だからこの本を読んだ人も、社会に対しておかしいと思ったら、怒りの声を上げてほしいのです。

日本人は真面目なので、子育ての経済的負担が大きくても「自分が節約すればいい」と思いがちです。しかし、「自分が頑張ればどうにかなる」ではなく、「子育てがこんなに大変な社会はおかしい」と社会に目を向けていくべきです。

「自分が頑張らなきゃ」という考えは悪くはありませんが、自分が変わってもどうしようもないこともある。むしろ、自分が頑張って適応することは、社会の問題を放置することにつながります。

例えばPTAなどでは、考えてみれば不思議なことがたくさんあります。僕も保育園の役員をやっていて、毎年行われていたあるイベントに疑問を抱きました。

「なぜやっているのですか？」と聞くと、「去年もやったから」。去年やった人に聞くと、「一昨年もやったから」。「理由はわからないけれど、ないとさびしい」から行われ、それがプチ伝統のようになっている。そこで、「やめよう」と言ってやめることにしました。「なぜやめるの？」という反発も、もちろんあるわけです。

自分が頑張ってその状況に適応すれば、周囲との軋轢《あつれき》は生まれないかもしれない。しかし、同じ悩みを翌年の役員が繰り返すことになる。異議申し立てをしないことによって、社会的課題が温存されていくのです。

子育てや少子化の問題がこんなにひどくなったのは、われわれが問題を温存させ続けてきたからにほかなりません。

子どもの問題は温存されやすい。なぜなら、3年頑張れば子どもは熱を出さなくなるし、1年待てば保育園に入れる。自分たちが頑張れば、我慢すれば、問題は数年で解決されていくからです。

でも、もうそれはやめようよ、と僕は思います。

自分は我慢できたとしても、次の誰かを苦しめる問題なら怒ろう。自分のためだけではなく、誰かのために声を上げよう。

怒ってほしいのです。

保育園に入れないのは、あなたのせいじゃない。小学校のPTAが前時代的なのも、あなたのせいじゃない。学童保育が足りないのも、あなたのせいじゃない。子育てにかかる国の予算が欧米と比べて格段に低いのも、あなたのせいじゃない。

あなたが頑張ることではなく、社会に対して怒るべきことなのです。

『インサイド・ヘッド』（2015年、アメリカ）という映画をご存じですか？　僕はこの映画を見たとき、感きわまって泣いてしまいました。

脳をモチーフにした内容で、「喜び」「怒り」「悲しみ」「びびり」などを擬人化したキャラクターが登場します。喜びが中心にいると、人はうれしいので「他のヤツは出てくるな！」という雰囲気になります。

悲しみは「私の存在なんて意味ないわよね」と、とてもネガティブ。他のメンバーもそう思っています。しかし、さまざまなことを経験する中で、じつはネガティブな感情が重要なことに気づいていきます。

怒りは人を傷つける側面もあるのですが、社会の改革や変革に必要な感情として描かれます。なぜなら怒りは「違う！　あってはならないんだ」という気持ちだからです。

怒りは、日本の社会ではタブーですね。怒っていると「おいおい、落ち着けよ」と思われてしまう。しかし、必要のない感情などないと僕は思います。怒りの声を上げることを、むしろよきものとして受け止める意識革命が必要です。

2050年に、日本の高齢者率は4割になり、労働者は3分の2に激減します。社会のサスティナビリティ（持続可能性）そのものが失われようとしている。僕はそのころ70歳ですが、子どもや孫の世代に「あのとき、なぜ問題意識を持ってくれなかったの？」「なぜ、手を打ってくれなかったの？」と言われたくはありません。

だからこそ、次世代のために「正しく怒ろう、行動しよう」と思うのです。

行動とは、1本のブログかもしれない。ひとつの記事のリツイートかもしれない。シェアかもしれない。社会が「こう変わったらいいいな」と思うものに対して、意思表明をしていくことです。

「保育園落ちた日本死ね！」のブログがそうだったように、あなたの意思表明が、誰かの思いとリンクしてつながり、大きな渦になるかもしれません。渦が世論になれば、世論は制度や予算を変えていきます。

だからこそ、意思表明が大事なのです。

いまは、意思表明がしやすい時代になりました。SNSは自分の幸せを見せびらかすツールではなく、社会を変えていけるツールだと考えましょう。子育てしづらい社会を、子育てしやすい社会に変えることは、一人ひとりの行動によって可能です。

ビジネスの世界で活躍されている出口さんとの対談は、とても楽しい時間でした。男ふたりで子育ての話をするのは珍しいことかもしれません。子育ての問題はいつも女性の問題にすり替えられますが、そうではなく男が「俺たちの問題だ」と言うことが大切です。

わが家は共働きなので、僕の子どもは共働きが当たり前だと思っています。でも、僕らの世代は、母親が家にいるのが当たり前だったかもしれない。つまり女性は家にいて、男は家事なんてしないのが当たり前だと思っている人もたくさんいます。

しかし、ひと世代で世の中は変わります。われわれは世代を背負っていると思ったほうがいい。決して女性だけの問題ではなく、男性も語らなければなりません。子どもたちが見ています。

意思表明をしましょう。子育てしやすい社会をつくるため。そして誰よりも子どもが幸せになる社会を、われわれの子どもたちにプレゼントするために。

2016年7月

駒崎弘樹

世界一子どもを
育てやすい国にしよう

2016年8月20日　第1刷発行

著　者　出《で》口《ぐち》治《はる》明《あき》・駒《こま》崎《ざき》弘《ひろ》樹《き》

発行者　山本雅弘

発行所　株式会社ウェッジ
〒101-0052
東京都千代田区神田小川町1-3-1
NBF小川町ビルディング3階
電　話：03-5280-0528
ＦＡＸ：03-5217-2661
http://www.wedge.co.jp
振　替：00160-2-410636

ブックデザイン　横須賀 拓

ＤＴＰ組版
図版製作　株式会社リリーフ・システムズ

印刷・製本所　図書印刷株式会社

ISBN 978-4-86310-168-5 C0095

定価はカバーに表示してあります。
乱丁本・落丁本は小社にてお取り替えします。